하루 한 시간

나는
나를
브랜딩한다

작은 차이로 특별해지는 SNS 콘텐츠 마케팅 노하우

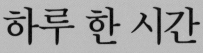

하루 한 시간

나는
나를
브랜딩한다

작은 차이로
특별해지는
SNS 콘텐츠
마케팅 노하우

해피스완
윤소영 지음

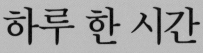

도마뱀

퍼스널 브랜딩의 길을
친절하고 쉽게 안내해주는 비법서

강유정 유리쌤 릴스코치
『마흔, 라벨 떼고 다시 시작』 저자
인스타그램 @yuri_athenaa

퍼스널 브랜딩의 춘추전국시대. 미래에 대한 고민을 해봤다면 한 번쯤은 고려해봤을 퍼스널 브랜딩. 그 길을 아주 친절하고 쉽게 안내해주는 비법서가 나왔다. 저자는 10여 년의 온라인 마케팅 및 콘텐츠 제작 전문성을 지녔을 뿐 아니라, 직접 블로그와 인스타그램도 운영하고 있는 '찐' 경험을 바탕으로, 이론에 그치지 않고 다양한 예시와 정보로 "야, 너도 할 수 있어~"라며 용기를 듬뿍 준다. 작은 차이가 누적되면 큰 변화를 가져다줄 수 있음을 책 전반에 걸쳐 강력하게 전달하고 있어 퍼스널 브랜딩을 시작하고자 하는 사람들에게 큰 동기부여가 된다. 그뿐만 아니라, 직접 다양한 채널을 운영하며 여러 사람의 성장을 관찰해온 경험을 나누고 있기에 이미 퍼스널 브랜딩이 잘된 사람도 레벨업할 수 있는 지침서이다. 브랜딩을 통한 수익화 방법과 유의 사항까지도 구체적으로 안내해주어, 마무리까지 책임져주는 멋진 책이다.

오래도록 사랑받는 브랜드가 되고 싶은
사람들에게 선물 같은 책

성공팩토리 & PBS 컬러랩 최해숙 대표
『상처도 스펙이다』 저자
인스타그램 @pbscolor_ceo

업무 특성상 많은 사람을 만나고 코칭을 하다 보면 '나를 어떻게 표현해야 좋을지'를 고민하는 분들이 많다. 또 본질의 중요성을 인지하지 못하고 SNS 운영 방법만 따라 하다가 성장이 멈춘 이들도 있다. SNS에 나를 표현하고, 효율성 있게 마케팅을 하고, 오래도록 사랑받는 브랜드가 되고 싶은 사람들에게 『하루 한 시간, 나는 나를 브랜딩한다』는 선물 같은 책이다. 특히 마케팅 퍼널을 활용해 내가 줄 수 있는 정보를 바탕으로 고객을 나의 팬으로 만들어가는 브랜드 여정이 재미있다. 마케팅에 관해 아무것도 모르는 채로 시작하더라도 자신의 상황에 맞게 참고할 수 있는 부분이 많다. 이미 자리 잡기 시작한 브랜드도 레벨업을 위해 알아두어야 할 부분도 담겨있어 실질적인 성장에 도움이 되리라 예상한다. 나를 찾고 나의 브랜딩을 고민하는 사람이라면 필요한 파트만 바로 펴서 바로 적용해볼 수 있는 부분이 많아 추천하고 싶은 사람이 여럿 떠오른다. 현업 마케터 출신인 작가의 경험과 열정을 아낌없이 나눠주심에 박수 보낸다.

SNS 콘텐츠 마케팅 백과사전

벤처 스타트업과 함께 비전을 설계해나가는
비저너리 그림제이 홍석재
벤처기업협회 창업지원팀장
인스타그램 @visione00

SNS 콘텐츠의 트렌드는 계속해서 진화하기에 마케팅 관련 책은 꾸준히 읽으려고 노력한다.

1달 전쯤 스타트업 마케터 출신 창업자인 윤소영 대표가 SNS 콘텐츠 마케팅 노하우에 관한 책을 낸다고 하며 추천사를 부탁했다. 우리는 윤소영 대표가 예비창업자로 창업을 준비하는 과정에서 처음 만났고, 나는 윤소영 대표에게 몇 번의 코칭을 지속했다. 이후 초기 스타트업 대표로 본인이 계획한 일들을 하나하나 실천하는 윤소영 대표의 모습을 지켜보았다.

해피스완 윤소영 대표가 발간하는 이 책은 온라인으로 다양한 수익화를 이룬 경험을 기반으로 쓰였기에 실무에서 그 활용도가 높다. 스타트업 대표 등 창업자들이 SNS 콘텐츠 마케팅 관련 책을 추천해 달라고 할 때 마땅히 떠오르는 책이 없었는데 이제는 당당히 추천할 책이 생겼다.

초고를 받아 읽어본 후 '이 책은 SNS 콘텐츠 마케팅 백과사전의 역할을 하겠구나' 하는 생각이 들었다. 하루 한 시간씩 투자하면 창업자 스스로 SNS 콘텐츠를 기획하고 실행할 수 있는 기반을 만들 수 있을 것이다.

예비창업자, 초기 스타트업, 벤처기업, 심지어 대기업 임직원 들도 활용할 수 있다고 생각하기에 SNS 콘텐츠 마케팅이 필요한 누구에게나 자신 있게 추천할 수 있는 좋은 선물을 받은 것 같다.

나는 벤처기업협회에서 벤처기업 및 스타트업과 함께하며 열정과 도전정신으로 사업을 하는 많은 대표님을 만나고 있다. 이들을 지켜보니 본인이 준비한 것을 시기를 놓치지 않고 성실히 실행해가는 창업자가 결국 사업에 성과를 내며 성장하는 기업을 만들었다. 윤소영 대표가 본인이 계획한 일들을 성취해나가는 모습을 보니 앞으로 오랫동안 지속 가능한 기업으로 성장해나가리라는 확신이 든다.

책 발간을 다시 한번 축하하며, 지금처럼 관련 분야를 공부하고 이를 통해 쌓은 경험을 기반으로, 동기와 목표를 가진 기업가정신으로 충만한 윤소영 대표가 되기를 바란다.

차 례

추천사   5

프롤로그   15

(1장) 내 브랜드를 위한 워밍업

1-1 주제가 없는 사람은 없다, 콘텐츠 주제 잡기   22

     Tip. 독서 기록 앱 '리더스'

1-2 조금 더 체계적으로 주제를 찾는 방법   28

     Tip. 이키가이 벤다이어그램

1-3 내 주제에 맞는 주력 채널 선정하기   32

     Tip. 사업을 한다면 카카오톡 채널

1-4 매력적인 페르소나가 담긴 계정 콘셉트 만들기   37

1-5 기억되기 쉬운 브랜드 이름 만들기   42

     Tip. 특허정보검색서비스 '키프리스'도 검색해보자

1-6 내 명함이라고 생각하고 SNS 프로필 세팅하기   48

     Tip. 블로그 아이디 바꿀까 말까

1-7 알아두면 도움 되는 통계   **57**

  Tip. 인스타그램 인사이트가 보이지 않는다면

1-8 SNS 운영 효율을 높이는 방법   **69**

(2장) 고객을 끌어당기는 내 브랜드의 성공 법칙

2-1 SNS 콘텐츠 마케팅 퍼널의 이해   **76**

2-2 당신의 계정은 유용한가요?   **78**

  Tip. 인증할 때도 무언가가 필요하다

  Tip. 인스타그램 스토리 올리기

  Tip. 하이라이트 만들기

2-3 콘텐츠 소재를 찾는 4가지 방법   **85**

  Tip. 생성형 AI 아숙업(AskUp) 활용하기

2-4 사람들에게 내 브랜드가 검색되어야 하는 이유   **92**

  Tip. SNS에 공지사항 세팅하기

2-5 반드시 알아두어야 할 블로그 상위노출 공식   **98**

  Tip. 섬네일 쉽게 만드는 제작 디자인툴

2-6 반드시 알아두어야 할 인스타그램 알고리즘 공식   **104**

  Tip. 릴스를 가장 쉽게 만드는 방법

2-7 하나의 콘텐츠를 여러 채널에 활용하기   **109**

2-8 다른 사람의 계정을 활용해 노출 확대   **112**

  Tip. 전문적인 콘텐츠 바이럴을 원한다면

2-9   지지자로 만드는 건 결국 '공감과 감동'   **118**

Tip. 좋은 콘텐츠란 무엇일까

2-10   번거로워도 잊지 말아야 할 팔로우와의 소통   **123**

2-11   경쟁자와 비슷하다면 차별 요소를 하나 추가하자   **127**

2-12   일기는 쓰지 말라고요?
아니요, 본인이 잘 드러나게 써주세요   **131**

3장   내 브랜드로 수익화 도전

3-1   어떤 일로 수익화를 시작할까?
시간당 수당 vs 시간당 가치   **138**

3-2   지식 콘텐츠 사업을 시작하는 방법:
프리랜서 마켓 vs 개인 SNS   **143**

3-3   정당한 금액을 받아야 하는 이유   **146**

3-4   합리적인 가격 책정 방법   **150**

Tip. 강사비는 어떻게 책정할까

3-5   고객을 관계로 이어가는 방법: 커뮤니티, 채널   **156**

Tip. 너무 쉬운 길은 한 번 더 의심해보자

3-6   정부의 창업 무료 교육 & 멘토링 활용 노하우   **161**

Tip. 무료 특강이라는 미끼 상품에 주의

3-7   내가 낸 세금을 사업지원금으로 활용하는 방법   166

       Tip. 정부지원사업을 확인할 수 있는 곳

3-8   성공하는 사업계획서를 위한 최소한의 요건   172

3-9   어렵게 합격하고 실격당하는 사람들   177

       Tip. 함부로 사업자등록증을 내면 안 되는 이유

3-10   직접 도전했던 온라인 파이프라인   182

       Tip. 또 다른 수익화 아이템

(4장) 내 브랜드를 위한 마인드업

4-1   내 브랜드 만들면서 다짐할 세 가지   192

4-2   나만의 이유를 찾으면 지속할 수 있다   196

4-3   내가 고여있다고 느낄 때: 번아웃 극복하기   201

       에필로그   205

       출간 기대평   210

프롤로그

누구에게나 '나의 일'을 해야 할 시점이 있습니다. 대학교를 졸업하기도 전에 창업하는 사람이 있는가 하면, 어떤 이는 정년퇴직 후 아이템을 찾아 새로운 경제활동을 시작하기도 합니다. 또 저처럼 회사에 다니며 사이드잡을 하거나 멀쩡하게 다니던 회사를 그만두고 창업에 도전하는 사람도 있습니다.

그럼 '나의 일'을 잘하려면 무얼 해야 할까요? 다양한 요소가 있겠지만 무엇보다 스스로 나 자신을 브랜드로 정의하고, 그 브랜드를 키워야 합니다. 회사에서 중요한 프로젝트를 하듯이 꾸준히 정성을 다해야 합니다.

저는 지난 5년간 콘텐츠 마케팅과 온라인 수익화 코칭을 통해 1,000명이 넘는 사람을 만났습니다. 그들은 나이와 성별 그리고 각자의 상황이 달랐지만, 공통으로 하는 이야기가 있었습니다. 무얼 해야 할지 모르겠다는 것과 어떻게 시작해야 할지 망설여진다는 것입니다. 그러면 저는 이렇게 질문합니다.

"기존의 경험 중에 살릴 만한 것은 뭐가 있을까요?"

이어지는 대답 역시 비슷합니다. 본인은 평범한 사람이고, 특별한 재주도 없다고 합니다. 그나마도 할 줄 아는 재주는 본인보다 잘하는 사람이 많아서 명함도 내밀지 못한다고 덧붙입니다. 이 이야기를 듣고 있자면 마치 과거의 제가 앞에 앉아있는 느낌이 듭니다.

저는 신입 사원 시절부터 온라인 마케팅과 콘텐츠 제작 업무를 담당했습니다. 10년 넘게 하고 있자니 발전은커녕 계속 제자리만 돌고 있는 것 같아서 탈출하려고 부단히 노력했었습니다. 이직을 시도하기도 했고, 새로운 창업을 꿈꾸며 다양한 자격증도 취득했습니다.

별별 시도를 했지만, 저는 여전히 비슷한 카테고리의 일을 하고 있습니다. 놀라운 건 발전이 없는 것 같아 지루했던 그 일을 지금은 '나의 일'이라고 생각한다는 점입니다.

나의 경험을 어떤 관점으로 받아들이고 표현하는지에 따라, 또 어떻게 콘텐츠로 쌓는지에 따라 각자의 브랜드를 만들 수 있습니다. 이 책의 부제에서 말한 '작은 차이'는 더 잘되기 위한 1%로서 다른 사람과 구별되는 나의 차별성입니다.

비행기는 각도를 1도만 달리해도 처음의 목적지와 전혀 다른 도시에 도착한다고 합니다. 이 1%의 작은 차이를 꾸준히 가꿔나간다면, 우리는 분명히 더 근사한 곳에 도착할 것입니다.

이 책은 자기 경험에서 주제를 찾아서 자기 브랜드를 시작하는 방법과 깔때기 모양의 퍼널(funnel) 모델을 활용하여 고객을 끌어당기는 프로세스를 담고 있습니다. 또한 이 과정에서 쌓은 신뢰를 각자의 비즈니스로 발전시키는 방법을 모색합니다. 책에는 제가 실제로 보고 겪었던 평범한 사람들의 다양한 사례를 담았습니다.

고객을 불러오는 마케팅은 다양합니다. 이 책은 그중에서도 콘텐츠 마케팅을 중심으로 이야기를 풀어갑니다. 콘텐츠 마케팅은 콘텐츠를 통해 고객의 관심을 끌며, 브랜드 인지도와 매출을 증가시키는 것을 목표로 합니다. 제대로 된 방법만 안다면 누구나 쉽게 도전할 수 있는 분야입니다. 특히 요즘은 나를 표현할 수 있는 여러 SNS 채널이 많아서 콘텐츠 마케팅하기에 참 좋은 시절이니 꼭 시도해보면 좋겠습니다.

『하루 한 시간, 나는 나를 브랜딩한다』에서는 네이버 블로그와 인스타그램, 두 채널 모두를 다룹니다. 시중에 하나의 채널을 잘하는 방법에 관한 책들은 많습니다. 그러나 온라인에서 내 브랜드를 성장시키고 자리를 잡으려면 결국은 하나 이상의 채널이 필요합니다. 네이버 블로그는 네이버 검색 기반으로 움직입니다. 잠재고객들은 '목적을 가지고' 검색창에 키워드를 입력하여 필요한 정보를 찾습니다. 인스타그램 알고리즘은 비슷한 관심사를 가진 사람들을 '추천'합니다. 그렇게 알고리즘이 추천한 계정을 자연스럽게 콘텐츠로 소비할 수 있도록 유도합니다. 이 책에서는 최대한 효율적으로 여러 채널을 성장시킬 수 있는 방법을 안내하고자 합니다.

어떤 채널을 먼저 집중해서 키워야 하는지, 하나의 콘텐츠로 어떻게 두 채널의 콘텐츠를 제작하는지는 본문에서 자세히 이야기할 것입니다. 콘텐츠의 본질을 이해한다면 어렵지 않게 여러 개 채널에 적용할 수 있고 확장할 수 있습니다. 요즘 화두인 ChatGPT와 같은 생성형 AI도 마찬가지입니다. 콘텐츠에 대한 이해 없이 방법만 익혀 빠르게 제작하는 것에만 관심을 쏟는다면 모래 위에 성을 쌓는 것과 다를 바가 없습니다. 그만큼 내 브랜드와 콘텐츠에 관한 이해가 중요합니다.

이 책을 처음 기획할 때 가제목은 "SNS로 퇴사하기 그리고 스몰 콘텐츠로 창업하기"였습니다. 다 읽고 나면 아시겠지만, 이 책은 퇴사를 독려하는 내용은 아닙니다. 오히려 내가 어느 위치에 있든지 개인의 브랜딩은 필요하며, 상대적으로 안전한 곳에서 자신을 키워야 한다는 메시지를 담고자 했습니다. 출판사 편집부에서 기획 의도에 더 적합한 제목이었으면 하였고, 수많은 회의와 토론을 거쳐 지금의 제목이 탄생했습니다.

하루 한 시간, 나는 나를 브랜딩한다

저는 편집부와의 미팅에서 하나의 깨달음을 얻었습니다. 선생님에게도 선생님은 필요하고, 의사는 자기 병을 고칠 수 없다. 저 역시 10년 넘게 콘텐츠를 다루는 일을 하고 있지만, 제가 놓친 부분이 있다는 걸 알게 된 것이죠. 편집부의 이런 인사이트 덕에 '나의 일'을 하고자 하는 분을 위한 최소한의 가이드를 만든다는 자세로 임할 수 있었습니다.

언젠가는 '나의 일'을 해야 합니다. 이 준비의 시작은 빠를수록 좋습니다. 충분히 내 브랜드에 관해 고민할 시간을 확보할 수 있을 뿐 아니라 작은 성공과 실패를 반복하는 과정은 꽤 매력적인 시간이기 때문입니다. 그러니 기본 생활과의 균형을 잘 유지하며 하루 한 시간이라도 내 브랜드를 위한 여정을 시작하시길 바랍니다.

저는 이 책이 그 여정을 함께하는 페이스메이커(Pacemaker)가 되기를 바랍니다. 한 번 읽고 마는 것이 아니라 책장에 꽂아두고 중간중간 펴보며 도움을 받으셨으면 좋겠습니다.

마지막으로 저와 함께 성장하고 있으신 분들, 그리고 이 책에 직간접적으로 등장하는 모든 분께 감사의 말씀을 전합니다.

1장

내 브랜드를 위한 워밍업

주제가 없는 사람은 없다,
콘텐츠 주제 잡기

'주제 잡기'는 스스로 브랜드가 되는 과정에서 가장 어려워하는 부분입니다. 주제만 명확하다면 쭉쭉 진도를 나갈 수 있을 것 같은데, 첫 단추를 끼우지 못하니 답답하기만 합니다.

"의욕은 많은데, 꾸준히 할 자신이 없어서요."
"내가 뭘 좋아하고 잘할 수 있는지를 잘 모르겠어요."

제가 주변에서 자주 듣는 이야기인데, 많은 사람이 비슷한 고민을 하고 있음을 알 수 있습니다. 이 단계에서부터 막힌다면, 다음 세 가지 질문에 답하며 아이디어를 찾아보시길 바랍니다.

Q. 내가 부러운 사람은 누구지?

주제를 찾는 방법의 하나는 결핍을 찾는 것입니다. 결핍을 찾아 그걸 채워가는 과정을 기록으로 남기면, 나만의 훌륭한 콘텐츠가 될 수 있습니다. 그런데 결핍을 찾으라니 막연하기만 합니다.

가볍게 눈을 감고 내가 최근에 만난 사람 중에서 부러웠던 사람은 누구인지를 생각해보세요. 부러움을 넘어 질투가 올라오는 상황을 떠올려봐도 좋습니다. 마음속 깊은 곳에서 동경했기에 부러움과 질투심이 생긴다는 걸 인정해보자고요. 질투는 사람을 움직이게 하는 힘입니다.

바쁜 와중에도 그럴듯한 음식을 뚝딱 탄생시키는 워킹맘일 수도 있고, 영끌*로 꼬마빌딩을 사서 힘들다고 징징거리는 이가 생각날 수도 있습니다. 한 걸음 더 들어가 이 사람들의 어떤 부분이 부러운지를 생각해보세요. 그리고 내가 노력하면 따라갈 수 있을지도 점검하시고요. 이런 감정이 나의 아이템이 될 수 있으니 찬찬히 정리해두면 좋습니다.

아무것도 아닌 나에서 동경의 대상으로 성장하는 과정을 꾸준히 보여주세요. 그렇게 브랜드가 되어가는 과정을 보며 궁금해하고 응원해주는 사람들이 생겨날 겁니다.

● '영혼까지 끌어모으다'의 줄임말. 주로 부동산이나 주식 등에 투자하려는 사람이 무리해서 최대한으로 대출을 받는 일을 일컫는다.

Q. 사람들이 나에게 자주 물어보는 주제는 뭐지?

저 역시 특별한 관심사나 취미가 없던 사람이라 주제를 정하는 게 어려웠습니다. 그때 "사람들이 나에게 묻는 주제가 나의 콘텐츠"라고 말하는 브랜든 버처드의 『백만장자 메신저』를 읽고, 도전을 시작했습니다. 생각해보니 사람들은 제게 저의 본업이었던 마케팅과 SNS 운영 방법에 관해 자주 질문하더군요. 저에게 수납을 잘하는 방법이나 주차 정보를 묻는 사람은 없었습니다. 이걸 깨닫고 저는 블로그 초보들이 궁금해할 정보를 포스팅하며 프로그램을 런칭했습니다. 덕분에 온라인 생활을 시작한 지 3개월 만에 빠르게 수익화를 이루었습니다.

릴리맘 혜진 님은 시골유학*에 관한 정보를 네이버 블로그에 포스팅하고 있습니다. 딸이 강원도 고성의 초등학교로 전학한 후 학교생활에 관해 묻는 사람들이 많아서 그 내용을 블로그에 포스팅했습니다. 특별히 온라인으로 돈을 벌겠다는 목적은 없었기에 블로그에 관해 배울 생각도 없었다고 합니다. 그저 같은 대답을 반복하기 번거로워서 간단한 기록과 정보 전달을 위한 용도로 포스팅했을 뿐입니다. 나중에 알게 되었지만, 시골유학을 결심한 부모 중 상당수가 혜진 님의 블로그를 구독하며 정보를

● 도시의 학생이 일정 기간 농어촌 학교에 다니는 것.

얻고 있었다고 합니다. 이후에 릴리맘 혜진 님은 시골유학의 노하우를 출간하고 관련 코칭을 하고 있습니다.

Q. 나는 어떤 콘텐츠를 소비하고 있지?

여러분의 관심사는 유튜브와 인스타그램 알고리즘(로직)이 제일 잘 알고 있습니다. 관심 있게 본 콘텐츠가 있다면, 알고리즘이 귀신같이 비슷한 콘텐츠와 광고를 노출하며 클릭을 유도합니다. 이런 알고리즘을 광고라고 무시하기보다는 '나의 관심사일 수 있구나'라는 관점으로 한 번 더 바라보세요.

고전적인 방법이지만, 본인의 책장도 참고해보세요. 저의 책장엔 마케팅과 자기 계발을 주제로 한 책들이 많이 꽂혀있습니다. 읽었는지는 중요하지 않아요. 내가 끌렸고 공부하고 싶었으니 그 책을 구매했고, (버리지 않은 채) 언젠가 다시 읽겠다는 의지로 남겨둔 것일 테니까요.

굉장한 결과물이 있거나 특별한 경험 같은 주제만 값진 걸까요?

저는 아니라고 생각합니다. 오히려 일상에 가까워야 더 가치 있고, 잘 팔리는 주제라고 믿습니다. 한 달에 1kg을 빼지만 1 년간 유지할 수 있는 느린 다이어트, 우리 동네에 새로 생긴 분위 기 좋은 카페 소개, 아이에게 읽어줄 동화책 추천 등등. 우리는 모 두 일상의 전문가입니다. 관련된 공부를 했다거나 분명한 결과 물을 가진 사람만이 전문가는 아닙니다. 작은 행동으로 누군가 를 변화시킬 수 있다면, 시간과 돈을 아껴줄 수 있다면 우리는 이 미 전문가입니다.

물건을 판매하고 싶은 분도 마찬가지입니다. 나는 어떤 영 역에서 사람들의 질문을 받는지, 사람들은 내게 어떤 분야의 아이 템을 추천해 달라고 하는지 생각해보세요. 내가 판매하고자 하 는 제품이 나와 어울리는지 그리고 내가 생각한 물건을 판매한다 면 누가 어떻게 만족할 수 있을지를 생각하고 도전해보세요.

내가 읽은 책의 리스트만 보아도 나의 관심사를 알 수 있다. '리더스'는 도서명, 독서 시작일과 완독일, 기억에 남는 문구를 기록해 둘 수 있고, 모바일 앱이라 언제든지 편하게 접속할 수 있다. 읽은 책이 10권 이상이면 분야별로 집계도 내준다. 리더스 앱에 꾸준히 내가 읽은 책과 읽을 책을 저장한다면, 나의 관심사를 찾는 데 도움이 된다.

1-2

조금 더 체계적으로
주제를 찾는 방법

개인이 브랜드가 되는 시대입니다. 개인사업자나 프리랜서
뿐 아니라 조직 안에 있는 직장인에게도 퍼스널 브랜딩이 필요합
니다. 퍼스널 브랜딩이란 뭘까요? 간단하게 설명하자면, 누군가
를 생각했을 때 함께 떠오르는 이미지라고 할 수 있습니다. 어떤
분야를 생각했을 때 떠오르는 사람, 누군가를 떠올렸을 때 따라
오는 그의 강점과 특징이지요. 앞 장에서는 직관적으로 나의 주
제를 찾아봤다면 이번에는 좀 더 체계적으로 찾아보겠습니다.

먼저 내가 (잘)할 수 있는 분야를 적어봅니다. '잘한다'의 기
준이 모호한데요. 어떤 분야에 관해 전혀 모르는 사람에게 도움
을 줄 수 있는 수준으로 설정하겠습니다. 아주 사소한 것도 좋
습니다. 50개를 적어본다는 마음으로 먼저 다 쏟아보세요. 생각
보다 내가 할 수 있고, 남보다 1% 이상 잘하는 게 많을 겁니다.

아무리 생각해도 모르겠다면 나를 아는 사람에게 물어보며 적어도 좋습니다.

책상 정리를 잘한다. 관심 분야의 뉴스를 선별해서 사람들에게 나눠주는 걸 좋아한다. 스마트폰으로 사진을 잘 찍는다. 엑셀 매크로를 만들 줄 안다. 블로그 상위노출에 관해 잘 안다. 피부가 좋아 보이는 메이크업을 할 수 있다. 해독주스를 매일 마시고 있다….

이렇게 1차로 완성한 리스트에서 앞 장과 마찬가지로 누군가를 변화시키거나 시간과 돈을 아껴줄 수 있는 아이템을 골라보면 됩니다.

내가 할 수 있는 것 리스트업
→ 사람들이 좋아하고 원하는 것과 교집합 찾기

저는 허리디스크를 심하게 앓아서 한 달 넘게 누워서 지낸 적이 있습니다. 어떻게든 재활하겠다는 의지 덕분에 현재는 거의 완치되었습니다. 제게 허리디스크를 앓은 경험은 콘텐츠라기보다 수다 소재에 가깝습니다. 저는 의료인이 아니기도 하고, 한 가지 특별한 방법으로 디스크를 치료한 것도 아니기에 사람들은 시간을 내어 저의 허리디스크 이야기를 듣고 싶어 하지 않습니다. 의료인이어야 질환을 주제로 삼을 수 있는 건 아닙니다(물론 더 유리하긴 하겠죠). 암을 이겨낸 경험이나 아토피를 잘 관리하는 노하우를 수익화하는 분들도 있습니다.

이렇게 '내가 할 수 있는 것'과 '세상이 좋아하는 것'의 접점을 하나씩 점검해보세요. 조금씩 퍼스널 브랜딩을 시작해볼 수 있는 주제가 선명해질 겁니다.

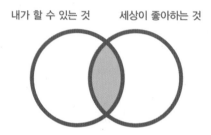

내가 할 수 있는 것과 세상이 좋아하는 것이 전부 일치할 순 없습니다. 둘 사이의 작은 교집합을 찾아 먼저 도전하는 것을 추천합니다. 나를 브랜딩할수록, 내 영향력이 커질수록 교집합은 더 넓어질 겁니다.

매일 아침, 기쁜 마음으로 눈을 뜨게 해주는 건 무엇일까? 살면서 보람을 느끼는 순간을 ① 좋아하는 것, ② 잘하는 것, ③ 돈이 되는 것, ④ 세상이 필요로 하는 것을 기준으로 나열하면서 나의 사명, 열정, 천직을 찾아가는 툴.

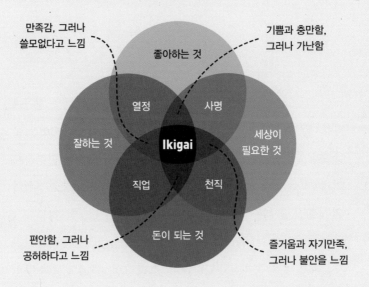

무료 이키가이 성격유형검사

https://ikigaitest.com/ko/ko-test

내 주제에 맞는
주력 채널 선정하기

인스타그램, 블로그, 유튜브, 틱톡….

최근 대세 SNS 플랫폼들입니다. "하나 운영하기도 힘든데 저걸 다?" 물론 아닙니다. 그렇지만 최소한 2개 이상의 SNS는 운영해야 합니다. 모든 채널을 최선을 다해 운영할 수는 없더라도요. 이 책을 집어 든 독자라면 개인 브랜딩을 비즈니스로 연결하고 싶으실 겁니다. 그러자면 개인의 강점과 매력을 공개적인 채널에 지속해 담아두어야 합니다. 개인 브랜딩을 표현하는 데 가장 가성비가 좋은 곳이 SNS입니다. 인스타그램, 블로그 등을 운영하는 데는 별도의 비용이 들지 않으니까요!

왜 여러 채널을 운영해야 할까?

플랫폼을 넘나들며 내 콘텐츠를 소비하는 고객은 생각보다 드뭅니다. 예를 들어 인스타그램의 팔로워(내 채널을 구독하는 사람)는 인스타그램으로 소통할 뿐 내 블로그에 와서 포스팅에 댓글을 쓰는 일은 적습니다. 유튜브에서 콘텐츠를 소비하는 사람들은 대부분 유튜브 안에서만 활동합니다.

동화작가 리하 님은 블로그 프로그램에서 만난 분입니다. 이미 등단한 동화작가로서 꾸준히 블로그를 운영하고 계셨는데, 네이버 블로그를 더 배우고 싶어 프로그램을 신청하셨습니다. 그런데 전 리하 님에게 카카오의 브런치 채널(https://brunch.co.kr)을 추가로 추천했습니다. 카카오 브런치는 작가로 선정되어야 글을 쓸 수 있는 채널입니다. 작가 승인 과정을 거치는 만큼 퀄리티 높은 글이 많고, 블로그처럼 상위노출이 아닌 글 자체로 소통하는 플랫폼입니다. 평범한 일상에서 발견한 특별한 인사이트를 글로 표현하는 리하 님과 어울리는 채널이라고 생각했는데, 역시나 리하 님은 브런치에서 발행한 글로 에세이집을 출간하기도 했습니다.

어떤 채널부터 시작하고, 무엇을 핵심 채널로 운영할지는 ① 내 주제와 어느 채널이 어울리는지, ② 잠재고객들이 어느 곳에 모여있는지를 기준으로 선택하면 됩니다. 또 여러 채널을 운영하다 보면 내 성격과 어울리는 채널을 발견하게 됩니다. 글보다 사진이 편한 사람은 인스타그램으로, 말로 표현하기를 더 잘하는 사람은 유튜브 크리에이터로 재배치되더군요.

서비스	특징
인스타그램	• 숏폼, 카드뉴스를 활용해 정보를 공유하는 방식으로 변화 중 • 뷰티, 리빙, 쇼핑 관련 주제를 선호했으나, 최근에는 라이프 전반으로 주제 확장 • 팔로워와 친근하게 소통할 수 있는 분에게 추천
네이버 블로그	• 이미지보다 글이 편하고, 장문의 글을 잘 쓰는 분에게 추천 • 정보성 주제를 가지고 있거나 자기 성장을 기록하고 싶은 분에게 추천
유튜브	• 요리, 운동처럼 영상으로 보여줬을 때 전달력이 좋은 콘텐츠에 적합 • 짧은 영상인 쇼츠의 노출 비중이 높아지고 있음 • 본인 얼굴을 공개해 신뢰도를 높이고, 자기 생각을 이야기하는 데 어색함이 없는 분에게 추천

"그래서 전 뭘 할까요?"라고 물으신다면, 명확한 주제가 있는 분에겐 인스타그램에 집중할 것을 추천합니다. 인스타그램이 확실히 팔로워의 반응도가 높고, 성장하기 위한 운영 로드맵이 분명하기 때문입니다.

아직 주제는 없지만 자신의 성장을 위해 먼저 SNS를 운영해보고 싶은 분이라면 블로그와 인스타그램 중 더 즐겁게 운영할 수 있을 것 같은 채널을 권합니다. 인스타그램은 짧은 영상이나 이미지, 블로그는 글을 올리기에 적합합니다.

모든 채널을 성격에 맞추어 잘 운영하면 좋겠지만, 현실적으로 불가능합니다. 우리는 한정된 시간을 쪼개어 활용하는 사람들이니까요. 채널은 한 번에 하나씩 키우고 다른 채널로 확장하시길 바랍니다.

제가 만났던 피부과 원장님은 피부과 정보와 시술 과정을 유튜브로 공개했습니다. 수익 조건도 맞추며 운영 중이셨지요. 그런데 누군가의 신고로 여러 편의 영상이 삭제되는 일이 발생했습니다. 이 사건 이후 채널 하나만 운영하는 건 위험하다고 판단하고 인스타그램을 병행하기 시작했습니다. 유튜브의 성공 경험이 있었기 때문일까요? 그분의 인스타그램은 빠르게 성장하고 있습니다.

사업을 한다면 카카오톡 채널 추천

사업주라면 카카오톡 채널 개설을 추천한다. 메신저 소통에 익숙한 고객들은 카카오톡 채널을 주문/문의 창구로 활용하기도 한다. 구독자에게 유료 광고 메시지를 보낼 수 있을뿐더러 이름 옆에 붙는 ⊛ 표시는 카카오가 승인한 공식 채널이라는 의미로 신뢰도에 도움이 된다. 채널을 개설하려면 회원 가입 후에 사업자등록증 등의 확인 절차를 거치고, 카카오의 승인을 받아야 한다.

카카오톡 채널 개설

https://center-pf.kakao.com

매력적인 페르소나가 담긴
계정 콘셉트 만들기

'콘셉트'는 내가 나가고자 하는 방향성을 말합니다. 이 방향성이 분명할수록 나라는 브랜드의 정체성도 명확하고 구체적으로 만들어집니다. 경쟁자보다 더 저렴하다든지, 더 친절하다는 건 콘셉트가 될 수 없습니다. 내가 아닌 '경쟁자보다'가 기준이 되면 방향성이 계속 변경되기 때문입니다. 경쟁자를 참고하되 '작은 차이를 가진 나만의 방향성'을 찾는 과정이 중요합니다.

'파파레서피(Papa Recipe)'라는 자연주의 화장품 브랜드가 있습니다. 파파레서피의 콘셉트는 '아빠가 딸을 위해 만든 화장품'입니다. 아빠가 피부가 건조한 딸을 위해 직접 만들어서 발라주던 화장품으로 입소문을 타며 유명해졌습니다. 아빠가 딸에게는 좋은 것만 주지 않을까요? 한 번 들으면 오래 기억되는 콘셉트와 제품력 덕분에 파파레서피는 한국과 중국에서의 성공에 이어 미국 현지화 작업도 진행 중이라고 합니다.

콘셉트를 도출하려면 '나의 고객은 누구일까?'의 답을 찾아야 합니다. 내 콘텐츠는 누구에게 도움이 될지 그리고 누가 나를 좋아해 줄지를요. 그 한 사람을 찾아내서 그 사람이 만족할 만한 기획을 하는 게 핵심입니다. 저도 이 책을 한 사람을 생각하며 쓰고 있습니다. 재주 많고 똑똑한 친구인데 어째서인지 꽤 긴 시간 동안 시작의 물꼬를 트지 못하고 방황 중입니다. 그래서 그 친구에게 어떻게 하면 브랜드가 될 수 있는지를 알려주어야겠다고 생각하며 자판을 두들기고 있습니다.

한 명을 목표 고객으로 생각하라니 불안하지 않냐고요? 글쎄요. 비슷한 문제를 해결하지 못하는 고객이 그 친구 한 명뿐일까요? 한 명의 문제를 해결할 수 있다면 천 명, 만 명의 문제를 해소할 수 있습니다. 여러분은 어떤 사람에게 도움을 줄 수 있을지 그 한 명을 정해보세요.

구체적일수록 좋다

요즘 SNS 플랫폼들은 하나의 주제를 콘텐츠로 발행해야 전문성이 있다고 판단합니다. 초창기에는 '뭐든지 좋으니 자주 올리기만 해줘'라던 시절도 있었는데, 플랫폼들도 방향성이 바뀌고 있는 것이지요.

최근에는 주제가 더욱 세세해지고 있습니다. 예를 들어 다이어트를 주제로 한다면 한두 단계 더 구체적으로 생각해야 합니다. 직장생활 속 다이어트, 클린주스 마시며 해독 프로젝트, 하루 15분 틈새 운동…. 다이어트라는 카테고리 안에도 다양한 상세 아이템이 있기에 어떤 콘셉트로 다이어트 계정을 운영할지를 생각해야 합니다. '다이어트 크리에이터'보다는 '천천히 나이 들기 위해 매일 운동하는 40대 워킹맘'이라는 설정이 요즘 선호하는 콘셉트입니다. 천천히 나이 들고 싶은 일하는 여성은 매우 많을 테니까요.

확장성은 포기할 수 없지

구체적인 콘셉트와 목표 고객을 찾다 보면 종종 닫힌 결말에 이르는 경우가 있습니다. 예를 들면 '바쁜 엄마를 위한 파워포인트 꿀팁' 같은 제목입니다. 아마 컴퓨터가 익숙하지 않은 사람도 빠르고 쉽게 배울 수 있다는 의미로 '바쁜 엄마를 위한'이라는 말을 사용했을 겁니다. 이렇게 대상을 한정 지으면 미혼자나 남성은 고객이 되지 않을 확률이 높습니다. 파워포인트 꿀팁은 남녀노소를 가리지 않는 내용이니 '컴맹도 이해하게 쉽게 알려주는 파워포인트 꿀팁'처럼 구체적이면서도 여러 계층으로 퍼져갈 가능성을 담고 있어야 좋은 주제입니다.

콘셉트/주제

엘리사 건아 님은 요가, 필라테스 선생님이자 인스타마켓에서 청바지를 판매하는 사장님입니다. 관련 노하우를 담은 전자책을 제작했는데, 처음 제목이 "50대도 할 수 있는 인스타마켓"이었습니다.

"50대만이 할 수 있는 특별한 기능이나 노하우가 있나요?"

"20대는 그 방법을 따라 하면 매출이 안 나오나요?"

코칭 때 제가 드렸던 질문입니다. 인스타그램에 서툰 본인이 어떻게 청바지 쇼핑몰을 창업했는지를 상세하게 담았다고 대답하셨습니다. 본인처럼 온라인이 막연히 낯선 50대 이상을 위해 제목을 잡았다고도 했습니다.

결국 "인스타그램 1도 몰랐지만, 3개월 만에 순수익 월 100만 원 버는 법"으로 이름을 바꿔 발행했고, 이후에 인스타마켓 관련 기관 강의에 종종 출강하고 있습니다. 인스타그램에 서툰 50대라는 점은 '누구나 할 수 있다'라는 의미로 활용되고 있습니다.

콘셉트는 내가 앞으로 가는 방향성이자 나를 다른 이들과 구별하는 차별점을 만들어줍니다. 그렇지만 콘셉트 잡기에 너무 힘을 빼지 마세요. 실제로 콘텐츠를 제작하고 운영하면서 콘셉트가 선명한 브랜드로 만들어가면 됩니다. 고객과 주제만이라도 구체적으로 찾는 수준으로 마무리하셔도 완벽합니다.

기억되기 쉬운
브랜드 이름 만들기

나의 브랜드 이름 혹은 온라인 닉네임을 정하는 기준은 무엇일까요. 앞에서 이야기한 콘셉트와 달리 이름은 처음에 제대로 지어두어야 합니다. 현실의 개명만큼은 아니겠지만, 온라인에서 이름을 바꾸는 것은 번거로운 일입니다. 나를 아는 사람에게 알려야 하고, 특히 이 과정에서 SNS 링크까지 변경된다면 나를 태그해둔 게시물들의 링크가 제대로 안 걸리는 사태가 발생할 수도 있습니다.

인스타그램 아이디를 바꿨더니 태그되었던 게시물을 클릭하면 계정으로 연결되지 않고 모두 오류처럼 보인다

그러므로 이름만큼은 처음부터 제대로 정하고, 변경하고 싶다면 더 유명해지기 전에 빨리 바꾸는 게 좋습니다.

어썸그로잉 님의 블로그 이름은 '하소연 공방지기'였습니다. 처음 들었을 때 본명이 하소연인가 싶기도 했고, 어떤 공방을 운영하는 분일까 알쏭달쏭했던 기억이 납니다. 그런데 하소연은 멋진 의미가 있는 말입니다.

하브루타로 만난 소중한 인연이 모이는 곳
하루하루 소중한 오늘을 내일로 연결하자

그렇지만 매번 사람들에게 이 내용을 설명하기 힘들기도 하고, 하소연은 어딘지 부정적인 느낌을 주는 단어이기에 새롭게 변경하기로 했습니다. 그 후 엄청난 아우라를 뿜으며 성장 중이라는 의미로 '어썸그로잉'이라는 새로운 이름을 지었습니다. '하소연 공방지기'와 '어썸그로잉' 중 어떤 이름에 더 어울리는 사람이 되고 싶을까요? 저는 무조건 밝고 성장하는 느낌을 주는 어썸그로잉을 추천합니다.

사람들이 부르기 쉬운 단어

내 이름을 부르는 사람은 내가 아니라 타인입니다. 타인을 배려해서 그들이 이해하기 쉽고 부르기 쉬운 단어를 선택하세요. 5음절 이하를 추천하며 부득이하게 긴 음절의 단어를 활용해야 한다면 줄임말을 함께 안내하는 것도 방법입니다. 예를 들어 '깐깐꼼꼼크리스티'는 '깐꼼', '별이빛이꿈이엄마'는 '별빛꿈맘'처럼 말이지요.

길어서 읽기 힘든 영어 단어는 지양해야 합니다. 우리는 생각보다 영어를 잘하지 못합니다. 'awesome growing'보다 발음을 한글로 쓴 '어썸그로잉'이 직관적이라는 느낌이 오시지요?

내가 지향하는 바가 담긴 단어

저의 온라인 닉네임은 해피스완입니다. 행복하고 싶다는 마음과 보이지 않는 곳에서도 노력하는 우아한 사람이 되고 싶다는 마음을 담아 지은 이름입니다. 부르기도 쉽고 들으면 머릿속에 떠오르는 이미지가 있어서 좋습니다. 그런데 사람들은 이 4음절도 길다고 느끼는지 스완, 스완쌤, 스쌤이나 가끔 해스 님이라고도 부릅니다. 가수는 노래 제목을 따라간다는 속설이 있는데, 저는 해피스완이 되고부터 일이 잘 풀리고 행복한 일이 많았습니다. 제가 밝고 긍정적인 이름을 추천하는 이유입니다.

내가 활동하는 영역이나 관심사를 추측할 수 있는 이름도 좋습니다. 예를 들자면 푸드디제이, 훈민에듀, 공감코치, 아뜰리에유, 릴스지영 같은 이름들이 떠오릅니다. 대략 어떤 활동을 하는 분들인지 느낌이 짐작되실 겁니다.

여러 플랫폼에 검색해보기

최소한 네이버, 인스타그램, 유튜브에서 검색을 해보셔야 합니다. 아무리 마음에 들어도 같은 이름이 있다거나 그 사람이 열심히 활동 중이라면 다른 단어를 찾아보세요. 브랜드가 되려는 것은 유니크(unique) 하기 위함인데, 검색 결과부터 다른 브랜드명과 섞인다면 좋지 않습니다.

일반명사를 이길 순 없습니다. '스완'이라고 검색해보면 백조 사진부터 백조 관련 정보, 세계의 도시 이름 스완까지 제가 끼어들 틈이 없습니다. 앞에 '해피'라는 형용사를 조합하면서 하나뿐인 단어가 탄생한 것이지요. 이렇게 여러 단어를 결합해서 발음해보면서 어색하지 않은지 체크해보면 좋습니다.

내가 생각하는 단어들을 프랑스어, 스페인어, 이탈리아어에서도 찾아보세요. 생각보다 예쁘고 발음하기 쉬운 단어가 많습니다. 그래서 저는 브랜드 이름을 찾을 때 다른 나라 언어로도 검색하는 편입니다.

특허정보검색서비스 '키프리스'도 검색해보자

상표권에 관한 분쟁이 종종 발생하면서 상표권 등록에 관한 관심이 높아지고 있다. 키프리스(http://www.kipris.or.kr)에 등록된 상표권이 있는지 사전에 검색해보는 것을 추천한다. 상표권등록은 변리사에게 의뢰하기도 하지만, 개인이 책이나 유튜브등을 찾아보며 직접 등록하기도 한다. 변리사에게 의뢰하면 편리하지만, 수수료와 추가 비용이 발생한다.

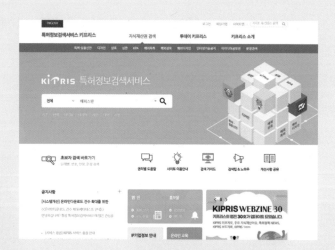

1. 키프리스에 접속한 후 원하는 상표 이름을 검색

2. 검색 결과에서 국내 → 상표 부분 선택

3. 등록번호를 클릭하면 어떤 상품과 서비스에 활용할 수 있는
상표인지 확인 가능

내 명함이라고 생각하고
SNS 프로필 세팅하기

온라인 세상에서 만나는 사람들은 명함보다는 SNS 계정을 공유하는 경우가 많습니다. 회사 이름과 직책이 종이 명함에서 중요하다면, SNS에서는 내 관심사와 쌓아둔 콘텐츠가 중요합니다. SNS 프로필은 누군가에게 자신 있게 전달할 명함이라고 생각하고 세팅하면 좋습니다.

VMD(비주얼머천다이저) 출신인 경숙 님은 고등학교 진로 교육에 출강합니다. 교육 마지막 날 한 학생이 선생님 연락처를 알려달라고 했다고 합니다. 순간 전화번호? 카카오톡 아이디? 어떤 걸 적어야 하나 고민하다 010-○○○○…을 칠판에 적는데 "선생님 전화번호 말고 인스타그램 아이디 알려주세요"라고 했다고 합니다. 맞습니다. 어린 친구들일수록 개인 연락처보다는 인스타그램, 인스타그램 DM(다이렉트 메시지)으로 소통하기를 선호합니다. 왜 전화번호나 카카오톡이 아닌 인스타그램 계정 공유를 선호하는지 물으니 개인의 사생활을 존중하기 때문이라고 합니다.

명함을 받은 뒤엔 다른 명함을 모아둔 더미에 넣게 되는데 어쩐지 아쉽습니다. 반면 SNS를 공유받으면 계정을 살펴보며 한 번 더 그 사람을 생각하게 됩니다. 누군가의 SNS를 보면서 그 사람에게 더 호감을 느끼고 공감하게 되는 경험을 저만 해본 건 아니겠죠?

프로필 신뢰성 = 전문성 + 앞으로의 방향성

프로필의 중요한 역할은 신뢰성입니다. 특히 우리는 브랜드가 될 사람들이기에 이 부분이 중요합니다. 그리고 "첫술에 배부를 수 없다"라는 속담을 꼭 기억하세요. 5만 명의 구독자를 가진 사람처럼, 10년 경력의 전문가처럼 세팅하겠다는 욕심은 내려놓고 나답게, 지금 내 모습을 '자신감' 있게 담으면 됩니다. 내가 성장하는 만큼, 나의 경험이 쌓이는 만큼 틈틈이 업데이트하면 됩니다.

인스타그램 세팅하기

인스타그램 프로필 사진은 계정에 접속했을 때 먼저 보이는 부분입니다. 프로필에서 가장 중요한 신뢰성과 연결됩니다. 여기에는 크게 세 가지 정도의 유형이 있습니다.

① 본인 얼굴: 얼굴을 자주 보여줘야 신뢰와 친근감이 팍팍 쌓입니다. 특히 개인 브랜딩을 희망한다면 자기 얼굴을 프로필로 등록해보세요. 쑥스럽다면 옆모습도 좋아요!

② 자신과 연관된 이미지: 직접 판매하는 물건이나 서비스를 보여주는 것도 좋습니다. 캔들 공방을 한다면 캔들 사진을, 다이어트 강사라면 복근을 보여주면 좋겠지요.

③ 로고: 브랜드명, 브랜드 로고가 있다면 활용해도 좋습니다. 다만 너무 복잡하거나 눈에 띄지 않는 로고라면, 인스타그램용으로 (단순하게, 눈에 잘 띄는 컬러로) 한 번 더 수정하면 좋습니다.

가장 피해야 할 유형은 풍경 사진입니다. 모바일상에서 시인성이 떨어지기 때문입니다. 나머지 항목은 아래 표를 참고해주세요. 이외에도 몇 가지 항목이 더 있지만, 아래 4가지를 중심으로 생각을 정리해서 세팅해주세요.

항목	유의 사항
사용자 이름	• 일반적으로 아이디라고 불리는 항목으로서 변경 가능 • 내 브랜드와 관련된 읽기 쉬운 영어 단어로 구성할 것. 패스워드 만들듯이 영타로 놓고 한글 단어를 쓰는 것은 금지 (예: dbsthdud98) • 한 번 사용했던 아이디는 사용할 수 없으니 유의할 것 • 사용자 이름을 바꾸면 기존에 태그된 것들과 링크 연결이 안 되기에 처음부터 신중하게 만들 것
이름	• **인스타그램 검색창에서 내 계정 검색을 위해 가장 중요한 항목** • 나의 잠재고객들, 내가 소통하고 싶은 사람들이 어떤 키워드로 검색할지를 고려할 것(예: 지역 기반 사업자라면 지역명 넣기—시흥 배곧 원데이클래스 공방, 내 영역의 키워드를 넣어주는 것도 좋음—음식 조절 다이어트 코치 ○○○) • 브랜드명이 영어라도 한글로 표기 추천 (예: TEAMUNIONS → 팀유니온즈)
소개	• 프로필 설정에서 중요한 전문성을 나타내는 영역 • 이 계정 주인은 어떤 경력, 경험이 있는지 알려줌. 덧붙여 자기 경력을 숫자로 표현할 수 있다면 가장 좋음(예: 12년 차 필라테스 강사, 매일 50여 가지의 빵을 굽는 베이커리) • 이 계정은 무엇을 하는 곳인지 알려주는 영역(예: 저의 다이어트 노하우를 나누고 매일 실천하는 곳, pre-order & class 예약제 꽃 주문)
링크	• 내가 운영하는 다른 SNS 플랫폼, 쇼핑몰 혹은 따로 공유하고 싶은 페이지가 있다면 URL을 입력해 두는 항목

※ 사용자 이름, 이름은 14일에 2번까지 변경 가능

인스타그램 프로필 세팅 주요 항목

내 명함이라고 생각하고 SNS 프로필 세팅하기

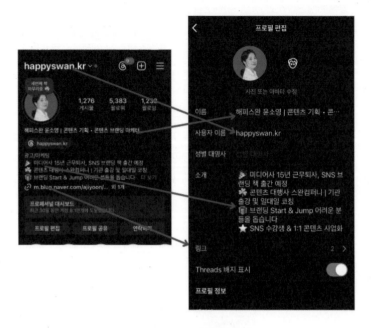

인스타그램 프로필 편집 화면
내 명함이라고 생각하고 내가 하는 일, 계정의 방향성을 표현해보자

　　본인 이름으로 충분히 검색이 되는 유명인이라면, 이름 항
목에 실명, 닉네임, 브랜드명만 적어도 됩니다. 그러나 이제 시작
하는 단계인 우리는 이름 앞에 우리를 설명하고, 고객이 검색할
법한 키워드를 입력해야 합니다. (앞 페이지의 표에서 '이름' 항목을
참고해주세요.)

네이버 블로그 세팅하기

블로그명은 네이버 블로그에 방문했을 때 가장 먼저 보이는 부분입니다. 블로그가 한 권의 책이라면 블로그명은 그 책의 내용을 대표하는 제목입니다. 이 블로그는 어떤 기록을 쌓는 곳인지, 어떤 비즈니스를 하는 곳인지, 내 블로그의 지향점은 무엇인지를 명확하게 적어두면 좋습니다.

네이버 블로그에 방문하면 가장 먼저 보이는 블로그명

아래의 블로그명을 보면 대략 무얼 하는 곳인지 짐작이 가시지요? 또 네이버 검색에 반영되는 부분이기 때문에 나의 닉네임이나 주요 키워드를 넣어주면 도움이 됩니다.

〈SNS 마케팅 | 콘텐츠 전문가 스완 컴퍼니〉
〈파인블리의 슬로우 필라테스〉
〈마인드카소의 디자인 캔바 & ART LIFE〉

블로그명은 오른쪽 그림에서 보듯이 내가 다른 사람의 글에 공감 버튼을 눌렀을 때 노출되는 부분이기도 하니 꼭 체크하세요.

블로그 프로필 세팅은 PC와 모바일에서 모두 가능합니다. 지금은 PC 기준으로 설명해 드릴게요. 프로필 하단의 'edit' 또는 '관리' 버튼을 클릭한 뒤에 설정하면 됩니다.

프로필 하단의 edit
또는 관리 버튼 클릭
후 설정

블로그 포스팅 하단의 공감 버튼을 눌렀을 때 보이는 화면

항목	유의 사항
블로그명	• 블로그의 방향성, 채워질 콘텐츠를 한 줄 정리
별명	• 5자 이하로 나를 나타낼 수 있는 닉네임 • 〈1-5. 기억되기 쉬운 브랜드 이름 만들기〉 참고
소개글	• 나의 경력, 특별한 경험을 가독성 있게 정리하여 나타냄 • 이메일, 연락처, 카카오톡 아이디 등 연락 창구 알려주기
내 블로그 주제	• 주로 발행할 콘텐츠의 주제를 선택
프로필 이미지 모바일 커버 이미지	• 가로형 사진이므로 상반신 사진 또는 로고, 생동감이 느껴지는 적당한 거리에서 찍힌 사진(예: 강의하며 웃고 있는 모습)
사업자 확인	• 블로그를 통해 수익 활동하는 경우 등록
네이버톡톡	• 네이버톡톡 채팅으로 연결되는 버튼이 PC와 모바일에 동시 노출

네이버 블로그 프로필 세팅 주요 항목

내 명함이라고 생각하고 SNS 프로필 세팅하기

블로그 아이디 바꿀까 말까

네이버 블로그 아이디는 이메일 주소와 똑같이 생성된다. 예를 들어 이메일 주소가 'ajiyoon@naver.com'이라면, 블로그 아이디는 'ajiyoon'로 자동 생성된다. 블로그 아이디는 딱 1번만 바꿀 수 있다. 프로필에 노출된 아이디의 연필 아이콘 또는 관리 버튼을 누르면 된다. 아이디를 바꾸면 블로그 주소도 변경되기 때문에 다른 곳에 남겨둔 링크가 연결되지 않는다. 활발한 활동을 하던 블로거에게는 비추!

알아두면 도움 되는
통계

저는 SNS에 콘텐츠를 업로드한 뒤 하루에도 몇 번씩 노출 수, 저장수, 유입 키워드에 관한 통계 항목을 확인합니다. SNS의 성장 추이를 알려면 통계 지표의 확인은 필수입니다. SNS 플랫폼 마다 메뉴 이름(인스타그램-인사이트, 블로그-통계, 유튜브-분석) 과 항목 구성은 다르지만, 이것들은 모두 내 채널의 현재 모습을 알려준다는 공통점이 있습니다.

제가 직장에서 서비스를 운영할 때는 일간, 주간, 월간 트래 픽(방문자수, 페이지뷰)에 관한 정기 보고서를 작성하고 왜 이런 결 과가 나왔는지를 정리했었습니다. 그렇지만 우리는 가볍게 ① 내 계정이 건강하게 성장하고 있는지, ② 어떤 콘텐츠, 키워드가 사 람들에게 반응이 있는지를 확인하는 수준으로 활용하면 충분합 니다.

인스타그램: 도달수 추이, 저장수에 집중

인스타그램은 프로페셔널 계정으로 전환해야 인사이트를 확인할 수 있습니다. 처음 한 번만 진행하면 되는데, 비공개 계정은 프로페셔널 계정으로 전환할 때 공개 계정으로도 전환이 되니 유의해야 합니다. (전환 방법은 뒤의 'Tip'에서 확인)

지표 이름	상세 설명
도달한 계정	• 내 계정이 얼마나 많은 계정에 노출되었는지 알려줌 • 아래 증감 %를 통해 전반적으로 성장인지 감소인지 확인 가능
참여한 계정	• 내 게시물에 좋아요, 댓글, 프로필 방문 등의 활동을 한 계정 수 체크
총 팔로워	• 구독자의 증감을 알 수 있음

이 항목들을 보면 내 계정이 성장하고 있는지, 내 게시물들이 잘 노출되고 있는지 전체적인 추이를 확인할 수 있습니다. (스마트폰 운영체계, 계정 성격에 따라 화면이 조금 다를 수 있음.)

'도달한 계정'과 '참여한 계정' 메뉴를 터치하면 지역, 연령대, 성별 등 방문자들의 좀 더 자세한 정보를 확인할 수 있습니다. 이 수치를 보면 내 콘텐츠가 내가 원하는 목표 고객에게 잘 도달하고 있는지를 알 수 있습니다. 만약 20대 여성을 대상으로 사업을 하고 있는데 주로 40대가 내 계정에 방문한다면, 20대에 어필하기 위한 콘텐츠 주제와 소재에 관한 고민과 새로운 방향 설정이 필요합니다. 인스타그램의 인사이트는 이렇게 내 계정이 제대로 목표 고객을 향해 운영되고 있는지 확인하는 용도로 활용해보세요.

팔로워 vs 팔로워가 아닌 사람의 비율

검색되는 콘텐츠가 많을수록 팔로워가 아닌 사람에게 노출되는 비중이 큽니다. 인기 게시물 등으로 팔로워뿐 아닌 다른 사람에게도 노출되었다는 의미로, 최근에는 숏폼(짧은 동영상)인 릴스를 활용할 경우 팔로워가 아닌 사람에게 많이 노출되는 추세입니다.

전체 추이만큼 피드(게시물)별 인사이트도 중요합니다. 게시물마다 보이는 '인사이트 보기' 혹은 아래 릴스 안내를 터치하면 볼 수 있습니다. 이때는 얼마나 공유와 저장이 되었는지를 체크해보세요. 저장수, 공유수가 많은 콘텐츠는 어떤 주제, 구성인지를 확인하고 이후에 이를 참고해서 콘텐츠를 만들면 좋습니다. 특히 릴스는 평균 시청 시간이 보이는데 당연히 길수록 방문자들이 좋아하는 콘텐츠입니다.

블로그:
일간 방문자수, 유입수 중심으로 확인

내 블로그가 제대로 운영되고 있는지를 가장 쉽게 알 수 있는 항목은 일간 방문자수입니다. 평소와 비슷하게 블로그를 운영 중인데 방문자수가 갑자기 줄었다면, 검색이 안 된다든지 하는 문제가 생겼을 수도 있습니다.

네이버 블로그 통계 확인 아이콘(왼쪽은 모바일, 오른쪽은 PC)

일간 현황에 접속하면 방문자수와 조회수 그리고 방문한 사람들의 성별과 연령대를 확인할 수 있습니다. 인스타그램과 마찬가지로 내 블로그에 내가 목표로 하는 사람들이 오고 있는지를 확인할 수 있습니다.

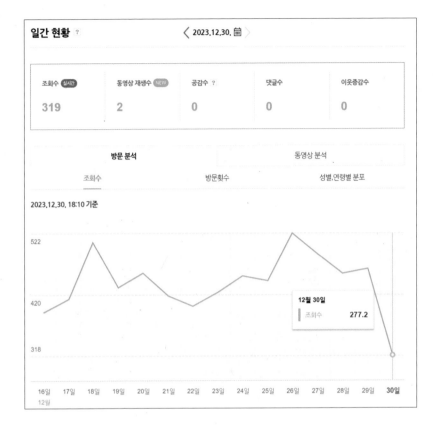

일간 현황 ?　　　　　　〈 2023.12.30. 📅 〉

조회수 실시간	동영상 재생수 NEW	공감수 ?	댓글수	이웃증감수
319	2	0	0	0

방문 분석　　　　　　　　　동영상 분석

조회수　　　　방문횟수　　　　성별,연령별 분포

2023.12.30. 18:10 기준

522

420

318

12월 30일
조회수　　277.2

16일 17일 18일 19일 20일 21일 22일 23일 24일 25일 26일 27일 28일 29일 30일
12월

　　　인스타그램에서 저장수, 평균 시청 시간이 콘텐츠 퀄리티의
중요한 척도였다면, 블로그에서는 유입분석이 중요합니다. 방문
자들이 어떤 키워드를 검색해서 내 블로그에 방문했는지를 알 수
있습니다.

유입경로			
메인 유입경로		상세 유입경로	
네이버 통합검색_모바일	51.41%	릴스 만들기	2.82%
네이버 플레이스_모바일	26.76%	줄리엣 레터스 텐진	2.82%
네이버 뷰검색_모바일	4.58%	릴스 템플릿	2.11%
네이버 통합검색_PC	4.23%	인스타 부업계정 차단	2.11%
Google	3.87%	더원파이브 후쿠오카 텐진	1.76%
네이버 블로그_모바일	2.11%	인스타 블러처리	1.76%
네이버 뷰검색_PC	1.76%	인스타 템플릿	1.76%
네이버 플레이스_PC	1.76%	인스타 동영상 소리	1.41%

블로그 전체에 관한 유입분석(PC 화면)

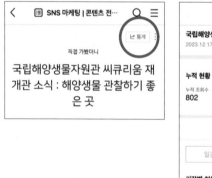

특정 게시물에 관한 유입분석(모바일 화면)

이렇게 블로그 유입분석을 보고 있으면 사람들이 어떤 검색어를 사용하는지를 유추할 수 있어 콘텐츠를 만들 때 도움이 됩니다.

그동안 블로그를 운영했어도 검색을 고려하지 않고 포스팅을 했다면 유의미한 유입경로, 유입 키워드가 보이지 않을 수도 있습니다. 상위노출의 공식은 뒤에서 한 번 더 설명해 드리겠습니다.

인스타그램 인사이트가 보이지 않는다면

네이버 블로그는 접속하면 통계가 보이지만, 인스타그램은 계정 전환을 해야 인사이트를 볼 수 있다. 비공개 계정은 이 작업을 하면 공개 계정으로 전환되니 유의해야 한다.

1.

2. 아래로 스크롤

3.

추천 카테고리는 계정 성격에 맞는 걸 고르고, 다음 단계에서 크리에이터와 비즈니스 중 하나를 선택한다. 릴스를 제작할 때 다양한 음악(가요, 팝송 등)을 배경으로 활용하려면 크리에이터 를 선택하면 된다.

SNS 운영 효율을 높이는 방법

SNS를 운영하려면 시간이 얼마나 필요할까요? 부담 없이 하루에 한 시간만 집중해보세요. 저는 직장에 다니며 블로그를 운영할 때 출근 준비 전 한 시간을 활용해서 글을 썼습니다. 이 한 시간을 효율적으로 활용하려면 두 가지만 기억해주세요. 이는 블로그, 인스타그램은 물론 네이버 스마트스토어 같은 다른 플랫폼에서도 적용할 수 있습니다.

1) 완벽하게 만들겠다는 욕심 내려놓기

먼저 잘 만들겠다는 생각을 내려놓아야 합니다. 어차피 내 마음에 충족이 될 정도로 콘텐츠를 제작하는 건 불가능합니다.

만족엔 끝이 없기 때문입니다. 우리가 벤치마킹하여 따라 하고 싶은 크리에이터들은 이미 오랜 기간 콘텐츠 제작을 하던 관련 분야의 전문가입니다. 그러니 '누구처럼 만들지 못해서 부끄럽다'라고 하기보다는, 부족하더라도 오늘 나만의 결과물을 만드는 걸 목표로 해보세요. 누구에게나 어설픈 초보자 시절이 있습니다. 저도 예전에 만들었던 콘텐츠를 보고 있자니 다 삭제하고 다시 시작하고 싶은 충동이 올라옵니다.

예를 들어 숏폼을 만들다 보면 눈에 거슬리는 부분이 보여 수정에 수정을 거듭합니다. 몇 시간 동안 붙잡고 있다 보면 차라리 처음에 만든 것이 나았다는 생각이 들기도 합니다. 게다가 오랜 시간 공들여 업로드했는데 별 반응이 없으면 허탈하기까지 합니다. 처음 완성한 게 현재 내 수준에서 최고의 작품이라고 생각하세요. 내 눈에만 보이는 아쉬운 부분은 다음 제작 때 반영하기로 하시고요.

인스타그램에서 유리쌤으로 통하는 유정 님은 자타공인 '릴스의 여왕'입니다. 흥미로운 기획과 영상편집으로 재미있는 숏폼을 만들어냅니다. 특히 화려한 트랜지션(화면 전환)은 유정 님 콘텐츠의 장점입니다. 그 덕에 처음 1,000명 수준이던 인스타그램 팔로워는 6만 명까지 늘었습니다. 유정 님은 2년간 약 500개가 넘는 숏폼을 제작했다고 합니다. 그렇게 릴스를 만들면서 유정 님은 콘텐츠 기획, 트랜지션 편집 실력을 쌓아간 거지요. 유정 님에게 본인의 초기 제작물을 보면 어떤 생각이 드는지 물어보니 이렇게 대답합니다.

"영상을 재사용하고 싶어서 예전에 찍은 것들을 찾아보니 촬영 기술이 지금보다 떨어져요. 특히 보정 앱으로 촬영한 영상이 많아서 다시 사용할 수가 없어요"

저는 게으른 완벽주의자 스타일입니다. 직업 특성상 좋은 콘텐츠를 많이 접해봐서 평가의 기준은 높은데, 막상 따라 하면 만족스럽지 않고 실행은 굼뜬 편이죠. 그래서 저는 그럴 때마다 "일단 하자"라고 외칩니다. 하나만 오래 붙들고 고민하기보다 부족하더라도 무엇이라도 만들면서 경험을 쌓아가는 게 중요합니다. 수정하고 보완하며 다음, 또 다음 콘텐츠를 만들어가는 과정이 실력이 되니까요.

2) 집중 시간과 자투리 시간의 조화

콘텐츠 소재 발굴은 평소 자투리 시간을 활용하길 추천합니다. 소재는 노트북 앞에 앉아서 생각하기보다 일상에서 자연스럽게 수집하는 게 좋습니다. 누군가와의 대화, 사람들로부터 받았던 질문, 유튜브를 보고 책을 읽다 얻은 인사이트, 생활하며 겪는 에피소드 등. 이 모든 게 유용한 소재가 될 수 있습니다.

촬영했던 동영상의 재사용이 어렵다는 유리쌤 유정 님의 말은 평범한 대화를 나누던 중 제가 얻은 인사이트입니다. 저는 평소 콘텐츠 소재 발굴을 위해 머릿속에 안테나를 세워둡니다. 그러다 기억하고 싶거나 콘텐츠로 발행하고 싶은 소재를 만나면 카카오톡의 '나에게 보내기'나 노션(Notion) 메모앱으로 기록해둡니다.

SNS 콘텐츠 글감

- 네이버 블로그
- 인스타그램
- 스완 tv

네이버 블로그

- 강의후기
- 수원대학교 카드뉴스 & 숏폼 강의
- 창원 N잡러 브랜딩
- 삼삼오오 1-3회 강의
- 해불행추 강의 소식

- 정보 포스팅 (카드뉴스 연결)
- 캡컷 : 비율 조정 & 화이트 배경 넣기
- 글, 사진 받아서 쓰는 포스팅 유의사항
- 경쟁 업체 블로그가 나보다 셀 때 대처법

- 기타
- 작업실 에이치 방문 : 힙팟 클래스
- 스완TV 업로드소식

노션에 저장해둔 아이디어들

이렇게 평소에 소재를 저장해두었다가 한 시간 동안 오로지 콘텐츠 제작에만 집중하면 효율적으로 SNS를 운영할 수 있습니다.

저의 집중 시간은 새벽이었지만, 이는 사람마다 다릅니다. 누군가는 아이가 등교한 오전이 좋고, 누군가는 모든 일정이 끝난 밤이 편할 겁니다. 각자의 생활 방식에 맞추어 집중할 수 있는 시간을 정하고, 그 시간에 100% 몰입해보세요. 어느 때보다 확실한 결과물을 얻으실 수 있을 겁니다.

고객을 끌어당기는
내 브랜드의 성공 법칙

SNS 콘텐츠 마케팅 퍼널의 이해

'퍼널(funnel)'은 고객이 어떤 제품이나 서비스를 알게 되고, 그것을 구매하는 여정을 깔때기에 비유한 프로세스입니다. 누군가는 사다리, 계단을 올라가는 과정이라고도 하는데 모두 같은 개념입니다. 퍼널의 단계는 세분화에 따라 다르지만 크게 '노출 → 유입 → 구매 → 재구매'로 구성됩니다. 당연히 깔때기 아래로 내려갈수록 통과하는 고객의 수는 적어집니다.

우리 동네 카페의 단골이 되는 과정을 예로 들어보겠습니다.

거리를 다니다 카페를 발견함	**인지**
우연히 카페에 방문하게 됨	**유입**
분위기, 가격 등을 고려하여 첫 구매를 함	**구매**
이전 구매 경험이 만족스러웠다면 재방문하거나 누군가에게 추천	**재구매/팬심**

　내가 온라인에서 무언가를 소비하는 과정이나 SNS를 키우며 인지도와 영향력을 상승시키는 과정도 비슷합니다. 세부적인 내용은 각자의 상황에 따라 다를 수 있지만, 크게 아래의 프로세스로 진행됩니다.

인지	• 필요한 정보를 검색한 후 여러 검색 결과 중에서 특정 계정을 방문함 • 또는 추천받아 특정 SNS 계정을 알게 됨
유입	• SNS에 방문해서 내가 원하는 정보를 얻고, 계정이 유익하면 예전에 올려둔 콘텐츠도 소비함
구매	• 내게 필요한 서비스, 제품이 있다면 구매함
재구매/팬심	• 첫 번째 구매에 만족하여 신뢰가 생기면 재구매, 다른 제품 추가 구매, 고가 상품 구매, 타인에게 추천 등 적극적인 활동을 하게 됨

　이제부터는 이 콘텐츠 마케팅 퍼널을 기본 모델로 내 브랜드를 키우는 과정을 알아보겠습니다.

당신의 계정은 유용한가요?

"저는 열심히 운영하는데 구독자가 늘지 않아요."

지방 강의에서 만난, 여행 크리에이터가 되고 싶다는 분의 푸념입니다. 인스타그램을 살펴보니 개인의 여행 기록에만 충실한 계정이었습니다. 열심히 하는데 팔로워가 늘지 않는다면, 무엇을 더 해야 할까요?

상황을 바꿔서 여러분이 구독 버튼을 누르는 계정은 어떤 유형인지 생각해보세요. 유명인이 아니라면 아마도 나에게 필요한 정보를 알려주거나 내가 움직이도록 동기부여를 해주는 계정일 겁니다. 팔로워를 늘리고 싶다면 '나는 어떤 계정을 구독하는지'를 생각하며 계정을 운영하면 좋습니다.

SNS를 운영할 때 시도해보기 가장 좋은 유형은 유익한 콘텐츠 만들기입니다. (사람들이 검색해볼 법한) 누군가에게 필요한 정보를 제작하면, 그 누군가의 유입을 끌어내는 데 도움이 됩니다. 무엇보다 의지만 있다면 관련 주제를 학습하면서 꾸준히 콘텐츠를 생산할 수 있다는 장점이 있습니다.

화정 님은 직업소개소(일용직 근로자 매칭 사업) 프랜차이즈 '든든한 파출부'의 공동대표입니다. 지역 가맹점 확대를 위해 예비 가맹점주를 위한 창업설명회와 가맹 상담을 정기적으로 운영합니다. 화정 님은 예비 가맹점주를 만나면 어떻게 알게 되었는지(유입 경로)를 묻는데, 최근에는 유튜브 채널이라는 말을 자주 듣는다고 합니다.

든든한 파출부는 2022년에 '직업소개소 창업'을 주제로 총 10개의 시리즈 영상 콘텐츠를 유튜브에 업로드했습니다. 영상만 봐도 혼자 직업소개소를 창업할 수 있을 수준이라서 너무 많은 정보를 공개하는 것은 아닌지 우려하는 사람들도 있었습니다. 그런데 시간이 지나고 나니 그 콘텐츠를 보고 가맹점 문의를 하는 사람들이 늘어난 겁니다. 해당 영상은 소위 '떡상(수치가 급격하게 오르는 것)' 하지 않았음에도, 직업소개소를 창업하고 싶은 잠재고객들에게 노출되어 가맹 문의로 연결되고 있었습니다.

잠재고객이 궁금해할 만한 정보들, 검색해서 볼 것 같은 콘텐츠를 만드는 것이 콘텐츠 마케팅 퍼널의 시작입니다. 저 역시 2019년 블로그 마케팅 수업을 개설하기 전에 제일 먼저 한 것이 초보 블로거를 위한 블로그 정보 포스팅입니다. 저처럼 내가 앞으로 활동하고 싶은 주제의 콘텐츠를 작성하면 여러 가지 장점이 있습니다.

> - 내 주제에 관심을 가진 고객들이 나의 SNS에 방문한다: **잠재고객 확보**
> - 쌓인 콘텐츠를 보며 나를 인지한다: **신뢰성 확보**
> - 콘텐츠를 만들기 위해 고객이 궁금해할 것들을 생각하고 답을 찾아가며 전문가가 되어간다: **나의 실력 성장**

앞서 이야기했던 여행 크리에이터를 꿈꾸는 분은 어떻게 계정을 운영해야 할까요? 최근 방문했던 여행지에 관한 단순한 기록보다는 여행 정보를 담은 콘텐츠를 만들어야 합니다. 여행 전에 미리 준비하면 좋은 것, 분위기 좋은 현지 카페, 내가 추천하는 여행 장소 등등을 주기적으로 업데이트하면 좋겠지요. 그곳에 아직 가보지 않은 사람을 위해 기본적인 팁을 만든다는 생각으로 접근한다면 부담 없이 만들어볼 수 있습니다.

인증할 때도 무언가가 필요하다

걷기, 글쓰기, 독서 같은 습관 만드는 과정을 매일 인증하는 경우가 있다. 인증 기록만 남으면 구독자들이 전혀 흥미를 느끼지 못할뿐더러 개인 브랜딩에 도움이 되지 않는다. 인증으로만 담기보다 나는 왜 이런 습관을 만들고 싶은가, 어려움과 슬럼프, 잘 만들어가는 방법 등에 관한 정보도 함께 남기면 좋다. 인스타그램이라면 인증 전용 계정을 만들거나 스토리, 하이라이트를 활용하면 좋다.

육아, 학습을 타임스탬프로 기록하고, 감상을 남기는 하얀코튼 님

인스타그램 스토리 올리기—직접 올리기

스토리는 24시간 후에 사라지는 게시물이다. 피드로 올리기에
는 고민되는 일상 나눔, 인증 화면들을 스토리에 올려서 팔로워
와 공유하면 좋다. 팔로워들과 소통하는 방법으로 스토리를 활
용하는 추세이다.

인스타그램 스토리 올리기─
피드를 스토리로 올리기

인스타그램 피드와 릴스를 스토리로 업로드할 수도 있다. 피드 옆의 비행기 표시를 누른 뒤에 '스토리 추가' 아이콘을 선택하면 된다.

하이라이트 만들기

하이라이트는 모아서 보여주는 메뉴다. 팔로워들이 내 계정을 방문했을 때 보여주고 싶은 것들, 고객들이 나에게 많이 물어보는 것들을 모아서 하이라이트 메뉴로 만들어두면 좋다. 하이라이트는 미리 올린 스토리를 활용해서 만들 수 있다.

'새로 만들기'를 터치하거나 기존에 만든 하이라이트 동그라미를 길게 꾹 누르면 하이라이트를 삭제, 수정할 수 있다.

콘텐츠 소재를 찾는 4가지 방법

사람들이 원하는 소재는 어떤 걸까요? 고객들이 진짜로 원하는 정보, 검색해볼 것 같은 소재를 찾는 4가지 방법을 알려드립니다.

1) 사람들이 공통으로 물어보는 것

고객의 질문에 답이 있습니다. 평소 고객들과 대화하며 받았던 질문들을 하나씩 콘텐츠로 만들어보세요. 저는 어떤 모임에 참석했다가 카카오톡 채팅방에 공유된 인스타그램 URL에 접속하기가 어렵다는 이야기를 들었습니다. iOS, 안드로이드 등 스마트폰 운영체계마다 방식이 달라서인지 모임 참석자 대부분이 방법을 모르고 있었습니다. 저는 이 이야기를 듣고 운영체계별로

카카오톡 채팅방에서 인스타그램에 접속하는 방법을
블로그 포스팅과 카드뉴스 콘텐츠로 제작했습니다.
(https://blog.naver.com/ajiyoon/223225026102)

　　피아노 조율 업체 사장님은 고객에게 어떤 질문을 자주 받을까요? 피아노 조율 주기, 금액, 조율 후 불만족 시 어떻게 하는지, 이사할 때마다 조율이 필요한지 등을 물어본다고 합니다. 이런 것들에 관한 대답을 콘텐츠로 만들면 됩니다. 고객 접점이 많은 사람일수록 풍성하게 콘텐츠를 제작할 수 있습니다. 이후에 비슷한 질문을 받는다면 미리 제작한 콘텐츠 링크만 전달해주면 끝입니다.

　　사람들의 궁금증을 내 방식으로 설명한다면 의미 있는 정보성 콘텐츠가 됩니다. 고객의 질문은 다양한 방식으로 찾을 수 있습니다. 고객에게 직접 듣는 방법도 있고, 내 콘텐츠의 댓글을 통해 추가 질문을 받거나 나와 비슷한 콘텐츠를 가진 다른 사람에게 달린 댓글을 참고하면 좋습니다.

2) 포털 사이트 카페 커뮤니티

　　내가 관심 있는 주제를 다루는 포털 사이트의 카페에 가입해보세요. 커리어코치라면 취업준비생들의 모임에 가입하는 방식으로요. 실시간 정보가 오가는 카페에 가입하면 사람들의 궁금증을 짐작할 수 있습니다.

아래는 '과학'이라는 키워드로 검색한 카페 게시글 리스트입니다. 과학영재원과 선행학습에 관한 조회수가 높은 편입니다. 과학 학원 원장님이라면 이런 질문들을 찾아서 내 콘텐츠의 아이디어로 활용하면 좋습니다.

번호	제목			조회수
2679244	[강남] 연대과학영재원 ⓒ [11] ⓝ			399
2679232	과학을 어찌해야할까요? [2] ⓝ			235
2679229	고1 선택과목 너무 고민됩니다 [13] ⓝ			223
2679228	[학원] 국영수과 모두 학원다니면 좋겠지만... [7] ⓝ			418
2679216	중2, 이제야 영재교 대비 학원을 가고 싶다 합니다. [8] ⓝ			534
2679213	자이스토리 통합과학 해설집 있으신가요? (빠른정답x) ⓝ			54
2679207	경북대학교 영재교육원 [2] ⓝ			212
2679193	중1과학 내신문제 ⓒ [2] ⓝ			137
2679189	과학 고등하이탑 다음에 풀 문제집 추천이요 [2] ⓝ			163
2679186	중2 과학 문제 좀 봐주세요^^ ⓒ [4] ⓝ			71
2679173	영재원 준비 보통 몇학년부터 하시나요? [2] ⓝ			546
2679165	[초6] 하이탑 과학 선행하시는 분들요. [4] ⓝ			433
2679136	중등 교육청 영재원 [7] ⓝ			334
2679129	중등 내신 과학 [6] ⓝ			217

검색하지 않고 최신 게시물 중에서 조회수가 많은 글을 찾아보는 것도 방법입니다. 마지막으로 댓글이 많은 게시물도 꼭 살펴보세요. 사람들이 많이 궁금해하거나 공감하고 있는 주제일 확률이 높습니다.

3) 유튜브 알고리즘 활용

유튜브 알고리즘은 검색하지 않아도 우리에게 끊임없이 새로운 영상을 제안합니다. 만약 아이들의 중학교 생활과 관련된 영상을 시청했다면, 알고리즘은 사춘기 아이와 좋은 관계 만들기, 사교육 없이 공부하는 법, 학원 선택 노하우, 바뀌는 대입 정보… 등등 끝없는 콘텐츠를 우리에게 추천합니다. 그 과정에서 생각하지 못했던 아이디어를 주는 경우가 많습니다. 새로운 영감을 주는 영상은 저장해두었다가 내 콘텐츠의 소재로 활용하면 좋습니다. 영상을 단순히 카피하는 것이 아니라 소재를 참고하고, 내가 느낀 점이나 추가 정보를 더하는 방식으로 활용하면 좋습니다.

최근 유튜브 영상 콘텐츠를 짧게 재편집한 후 본인 생각을 덧붙여 업로드하는 경우가 있는데 이때는 저작권에 유의해야 합니다. 제작자에게 사전 허락을 구하면 가장 좋고, 혹시 어렵다면 반드시 출처를 밝혀야 합니다. 그런 분은 없겠지만, 다른 창작자가 만든 콘텐츠를 무단으로 내 계정에 올리면 절대 안 됩니다.

4) 네이버 광고 키워드 도구

오래전부터 활용되던 방법입니다. '네이버 검색광고(https://searchad.naver.com)'에 무료로 가입한 후 '키워드도구'를 활용해보세요. 네이버 검색광고는 사업주들이 키워드광고*를 세팅하는 관리 툴인데, 나의 키워드를 몇 개 입력하면 1,000개가 넘는 연관키워드를 제안해줍니다. 이때 무조건 채택하는 것이 아니라 검색수, 클릭수 그리고 내가 쓸 수 있는 키워드인지를 확인하고 콘텐츠로 만들면 됩니다.

검색광고 가입 후 키워드 도구 클릭

● 키워드광고: 네이버 검색창에 특정 키워드를 검색했을 때 그 키워드로 광고주의 사이트가 노출되도록 하는 광고.

전체추가	연관키워드 ⑦ ⬍	월간검색수 ⑦		월평균클릭수 ⑦		월평균클릭률 ⑦		경쟁정도 ⑦ ⬍	월평균노출 광고수 ⑦ ⬍
		PC ⬍	모바일 ⬍	PC ⬍	모바일 ⬍	PC ⬍	모바일 ⬍		
추가	온라인마케팅	1,780	1,410	20.3	12	1.21 %	0.92 %	높음	15
추가	블로그	46,000	157,300	20.4	349.5	0.05 %	0.24 %	높음	15
추가	인스타그램	797,700	1,301,200	41.1	554.3	0.01 %	0.05 %	중간	12
추가	브랜딩	4,890	5,310	28.5	41.4	0.62 %	0.83 %	높음	15
추가	온라인수익	40	20	0.1	0.3	0.21 %	1.25 %	중간	12
추가	마케팅	16,800	17,800	43.7	38.5	0.28 %	0.24 %	중간	11

내가 쓰고 싶은 키워드를 5개 정도 입력하고,
조회하기를 선택한 후 소재로 활용하기

한 단계 더 나아가 우측 필터를 설정하면 좋다.
요즘은 대부분 모바일에서 검색하니
'월간 검색수(모바일)' 500 이상 정도로 필터를 설정해두면 좋다.

생성형 AI 아숙업(AskUp) 활용하기

ChatGPT, 뤼튼 같은 생성형 AI가 인기다. 카카오톡에서도 쉽게 활용할 수 있는 아숙업(AskUp)을 활용해봐도 좋다. 이런 AI에서 좋은 답변을 받으려면 최대한 구체적으로 질문해야 한다. 또 답변에 관해 한 번 더 물어보는 것도 좋다. 생성형 AI가 알려주는 내용은 그대로 쓰지 말고, 참고 사항 정도로 활용하면 좋다.

①

②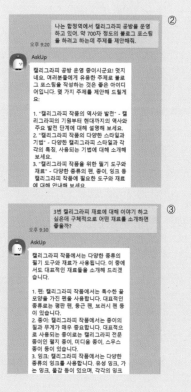

① 카카오톡에 '아숙업' 또는 'AskUp'을 검색하고 친구 추가

② 궁금한 점을 최대한 구체적으로 질문

③ 답변에 관해 한 번 더 질문

사람들에게 내 브랜드가
검색되어야 하는 이유

내가 검색되어야 하는 이유는 무엇일까요? 그 이유는 딱 하나, 누군가에게 닿기 위해서입니다. 그래야 사람들이 내가 만든 콘텐츠를 소비하든지 나와 협업하든지 할 수 있습니다.

제가 전에 담당했던 업무 중 하나가 콘텐츠 제작 대행입니다. 광고주가 콘텐츠 제작을 의뢰하면 콘셉트와 단가를 제안하고, 선정되면 콘텐츠를 제작합니다. 콘텐츠는 내부 에디터들이 직접 만들기도 하고, 때에 따라 외부 인력을 활용하기도 합니다. 이번에는 저처럼 누군가를 섭외하는 사람들이 어떤 기준으로 필요한 사람을 찾는지를 이야기해보려고 합니다.

누군가를 찾아서 결과물을 만들어야 하는 사람들이 가장 중요하게 여기는 것은 '신뢰'입니다. 종종 마감일을 앞두고 연락이 두절되는 경우가 있어 '요청한 기간까지, 결과물을 제공할 수 있는 사람'인지가 핵심입니다.

아래는 제가 실무에서 활용했던 신뢰를 확인하는 방법입니다. 이로써 역으로 저도 누군가에게 이런 신뢰를 주는 사람인지 셀프체크하고 있습니다.

1) 이전에 작업했던 사람 혹은 지인에게 추천 요청

섭외하는 사람으로선 가장 확실하고 편리한 방법입니다. 비록 추천받더라도 다시 내부 기준으로 검증합니다. 기준은 경력, 포트폴리오, 개인 SNS 등입니다.

2) 비슷한 플랫폼이나 미디어에 소개된 사람

해당 분야의 대표 매체에 소개된 사례를 위주로 찾아봅니다. 혹은 다른 매체의 인터뷰 기사를 뒤져보기도 합니다. 이런 사람을 선호하는 이유는 어느 정도 검증되었다고 믿기 때문입니다.

3) 개인 SNS를 키워드 중심으로 검색해서 찾아내기

초보자인 우리가 가장 집중해야 할 부분은 3번입니다. 아무리 요긴한 콘텐츠를 가진 사람이라도 검색되지 않으면 무용지물입니다. 내 계정과 내가 만든 콘텐츠가 검색 결과에 나와야 합니다.

이렇게 일차적으로 사람을 찾았다면, 한 번 더 SNS를 보며 체크합니다. 후보군을 선정한 다음 최종 선정을 하는 것이지요. 다음은 최종 선정을 하는 기준입니다.

1) 비슷한 일을 해본 경험이 있는가?

아무래도 유사 작업을 해본 사람이 이해가 빠르겠죠. 대략적인 프로세스를 경험했으니 좀 더 수월하게 할 수 있다고 믿게 되는 겁니다. 특별한 경험이 있다거나 어딘가에 소개된 이력이 있다면 고정 게시물 등으로 잘 보이게 두어야 하는 이유입니다. 이런 경험은 상대방에게 절대적인 신뢰감을 줍니다.

2) 분명한 주제의 콘텐츠를 가지고 있는가?

이 부분이 의외로 중요합니다. 세상의 모든 인테리어를 안다고 말하는 전문가보다는 라탄 인테리어 전문가를, 토탈 인테리어 사장님보다는 도배 전문 업체 사장님을 선호합니다. 콘텐츠 주제의 폭을 모두 끌어안기보다 집중된 타깃을 향해 설정하라는 것이 이런 이유입니다.

3) 원하는 걸 소화할 수 있는 사람인가?

이미지가 중요하다면 인스타그램에서 사진 위주로 검색하고, 계정 주인이 직접 촬영을 했는지도 확인합니다. 만약 영상 콘텐츠에 출연할 사람을 찾는다면 바로 유튜브로 갑니다.

마지막으로 개인적인 취향이지만, 부드러운 톤앤매너를 가진 분을 선호합니다. 모든 일이란 결국 사람들이 모여서 하는 것이기 때문입니다. 저는 즐겁게 일해야 결과물이 좋다고 믿기에 대화가 잘 통하는지가 중요합니다. 성격은 다르지만, 콘퍼런스의 연사를 섭외할 때도 크게 다르지 않습니다. 온라인에서 강의를 기획하거나 협업을 요청할 때도 비슷합니다. 그래서 저는 수시로 제 SNS를 체크합니다. 사람들에게 나는 어떤 전문가로 보이는지, 신뢰를 주는 사람인지를요.

SNS에 공지사항 세팅하기

누군가 내 SNS 계정에 방문했을 때를 염두에 두고 대표적인 게시물을 공지사항으로 올려두면 좋다. 지금 진행 중인 프로젝트나 내 소개, 방문한 사람들이 봤으면 하는 게시물들을 고정해두자.

인스타그램 홈에서 공지사항으로 올리고 싶은 피드를 손으로 꾹 누르면 '프로필에 고정'이라는 창이 뜬다. 이걸 누르면 최대 3개까지 최상단에 등록할 수 있다. 공지사항을 내리고 싶으면 한 번 더 꾹 누르고, '프로필에서 고정 취소'를 선택하면 된다.

블로그 공지사항은 글을 발행할 때 '공지사항으로 등록'에 체크하면 된다. 공지사항에서 내리려면 포스팅 우측 하단의 설정 버튼을 클릭하고, '공지에서 내리기'를 선택하면 된다. 공지사항은 최대 5개까지 등록할 수 있다.

공지사항으로 등록

공지에서 내리기

반드시 알아두어야 할
블로그 상위노출 공식

검색창에 입력하는 단어를 키워드라고 합니다. 검색창에 '힙팟'이라고 입력했다면, 이 단어가 키워드입니다. 검색 결과 위쪽에 배치되는 걸 상위노출이라 부르는데, 내 SNS가 상위노출 된다면 고객이 유입될 확률이 높습니다. 이 앞자리를 차지하기 위해 업체들은 비용을 지불하기도 합니다.

상위노출이 되는 원리를 알면 훨씬 수월하게 SNS를 운영할 수 있습니다. 상위노출은 각 플랫폼의 알고리즘에 따라 결정되는데, 이 알고리즘은 자주 조금씩 변합니다. 따라서 상위노출 자체가 목적이 되면 안 됩니다.

'내가 만드는 콘텐츠이니 가급적이면 많은 사람이 볼 수 있도록 상위노출을 고려해서 만들어야겠다.' 이 정도가 올바른 판단입니다. 과거 상위노출을 위해 많이 활용했던 방법이 (꼼수라며 여기저기서 추천했던 방법들조차) 현재는 소용없는 경우도 많으니 '기본에 충실한 상위노출 노하우'를 이야기하겠습니다.

1) 알고리즘 고려하기

팔방미인보다 전문가를 사랑하는 네이버

현재의 네이버는 집중된 한두 개의 주제로 포스팅하는 것을 좋아합니다. 육아, 영화, 뷰티, 맛집, 서평을 오가는 팔방미인보다는 육아면 육아, 뷰티면 뷰티 등 하나의 주제를 지속해서 포스팅해야 전문가라고 생각합니다. 알고리즘이 인정하는 전문가는 학위, 자격증을 가진 사람이 아니라 한 주제에 꾸준한 관심을 가지고 오랫동안 관련 콘텐츠를 생산하는 사람입니다.

키워드를 품은 제목 &
본문에 자연스럽게 녹아있는 키워드

　정보를 찾으려고 네이버에 검색할 때면 키워드를 입력하면서 정작 내 포스팅 제목에는 키워드가 없는 경우가 많습니다. 사람들은 내 콘텐츠(브랜드)를 뭐라고 검색할까? 내 콘텐츠를 어떻게 검색해서 유입될까? 이런 점을 고려해서 제목에 반드시 키워드를 넣어줘야 합니다. 그리고 본문에는 내가 제목에 쓴 키워드를 자연스럽게 여러 번 반복하며 포스팅하면 됩니다. 아래는 그 예시입니다.

제목: 수제버거 창업에 자격증이 필요한가요? 요알못도 가능한 프랜차이즈 창업

예상 키워드: 수제버거 창업, 프랜차이즈 창업

본문 중에 '수제버거 창업', '프랜차이즈 창업'을 자연스럽게 반복해서 글쓰기

반영하면 좋은 몇 가지 팁
- 이미지와 영상은 되도록 넣어주기
- 너무 짧지 않게 작성: 매번 글자 수를 셀 필요는 없지만, 보통 700자 이상이 되도록 쓰면 좋음
- 네이버 책, 영화, 장소 정보 같은 네이버 DB 활용

2) 잠재고객 고려하기

검색 결과 화면에 정렬되는 순서를 정하는 건 알고리즘의 역할입니다. 로직의 기준에 의해 1위부터 마지막까지 순위가 정해지고 노출됩니다. 그런데 고객들은 제일 앞에 노출되었다고 무조건 클릭하지는 않습니다.

'파주 카페'를 검색해도 사람마다 의도가 다릅니다. 함께 방문하는 대상(가족, 연인, 직장 동료, 반려동물…)과 목적이 다르고, 선택 기준(주차장 크기, 구성 메뉴, 포토존 유무, 노키즈존, 풍광이 좋은 곳…)은 천차만별입니다. 단순히 '파주 카페 추천'이라고 적기보다는 구체적인 제목을 작성하면 첫 번째 노출은 아니어도 사람들이 자신의 의도에 따라 클릭합니다. 아마 이 글을 보는 분들의 선택도 모두 다를 겁니다. 아래는 이렇게 지은 제목의 예시입니다.

> 파주 브런치 & 베이커리가 맛있는 신상 카페 추천
>
> 조용하고 정원이 예쁜 인스타 감성의 파주 북카페
>
> 탁 트인 강뷰가 힐링 그 자체: 애견 동반 카페라 더 좋아요
>
> 소모임 위한 서울 근교 파주 디저트 카페

제가 알려드린 것은 기본적인 키워드 글쓰기 방법으로 100년이 지나도 크게 변하지 않을 기준입니다. 믿지 못할 '카더라' 잔

기술을 배우기보다는 본질에 가까운 이 공식부터 적용하며 익숙해져야 합니다.

그리고 무엇보다 고객에 대한 이해가 필요합니다. 고객은 내 브랜드(콘텐츠)를 뭐라고 검색할까? 어떤 상황에서 검색할까? 이에 관한 자신만의 데이터베이스가 필요합니다. 「2-3. 콘텐츠 소재를 찾는 4가지 방법」과 연결해서 끊임없이 고객에 대한 이해를 높이길 바랍니다.

섬네일 쉽게 만드는 제작 디자인툴

섬네일(Thumbnail)은 검색 정렬 시 노출되는 이미지로 대표 이미지라 부르기도 한다. 섬네일, 대표 사진이 매력적이면 최상단 노출이 아니어도 고객이 클릭할 확률이 높아진다.

SNS 마케팅 | 콘텐츠 전문가 해피스완 컴퍼니 · 2022.05.09.
인스타그램 릴스 쉽게 만들기 - **템플릿** 기능 사용 시작
바로바로 **템플릿** 기능 **인스타그램** 릴스 업로드 하고나서 노출이 잘 되는 방법 중 하나가 릴스 배경음악 비트에 맞추어 편집해서 업로드 하는거에요. 노출수를 떠나 배경음악에 딱딱 맞추어 영상이 변환되고 하면 어딘...

최근에는 편리하게 활용할 수 있는 디자인툴이 많다. 약간의 감각만으로도 작업할 수 있고, 요긴한 템플릿을 제공하는 서비스가 많으니 내게 맞는 서비스를 찾아두면 좋다. 섬네일뿐 아니라 PPT, 카드뉴스, 전단지 등 다양한 이미지 제작이 가능하다.

서비스명	특장점
미리캔버스	• https://www.miricanvas.com / •일부 유료 결제: 월 14,900원 • 초보자도 사용하기 쉽고 카드뉴스, 섬네일 등 다양한 템플릿 제공 • PC, 모바일 웹(Web) 지원 • 한글 폰트 및 일러스트 이미지가 많음
캔바	• https://www.canva.com / • 일부 유료 결제: 월 14,000원 • PC, 앱(App) 지원 • 감성적인 사진과 요소가 많고 세련된 느낌의 디자인 가능 • 한글 폰트가 다양하게 제공되지 않음(유료 결제 시 폰트 업로드 가능)
망고보드	• https://www.mangoboard.net / • 월 29,000원 • PC 전용 서비스 • 움직이는 동영상 카드 템플릿 지원

반드시 알아두어야 할
인스타그램 알고리즘 공식

인스타그램은 접속했을 때 사람마다 보이는 콘텐츠가 다릅니다. 자기 계발이 취미라면 도서 추천 같은 지식 콘텐츠가 노출되고, 여행에 관심이 있는 사람이라면 세계 여행 콘텐츠가 노출됩니다. 이렇게 내 의도와 상관없이 보이는 콘텐츠들을 알고리즘 추천이라고 부릅니다. 내 콘텐츠가 알고리즘의 선택을 받아 누군가에게 추천되려면 어떻게 해야 할까요?

1) 하나의 주제로 운영 & 소통한다

인스타그램은 내가 어떤 콘텐츠를 올리는지, 평소 어떤 사람들과 소통하며 댓글을 작성하는지 등을 기준으로 나의 관심사를 판단합니다. 그래서 인스타그램은 여러 주제를 혼용해서 운영하면 알고리즘이 헷갈립니다.

'이 사람은 주제가 뭐지? 어떤 관심사를 가진 사람에게 추천해야 하지?'

알고리즘이 이렇게 생각하기 전에 집중된 주제로 알고리즘을 길들여야 합니다. 특히 인스타그램 운영 초기엔 소통 자체도 비슷한 주제를 가진 사람들과 하면 좋습니다. 인테리어 계정을 운영한다면 인테리어 관련 인플루언서나 브랜드를 팔로우하며 소통하면(좋아요, 댓글) 도움이 됩니다. '나는 인테리어에 관심이 있고, 인테리어 콘텐츠 만드는 사람이야'라고 알고리즘에 어필하는 거지요.

2) 릴스(짧은 영상) 콘텐츠를 제작하며 운영한다

플랫폼마다 노출 빈도를 높여주는 콘텐츠 형태는 변화합니다만, 현재는 릴스의 시대입니다. 릴스는 짧은 영상으로 표현하는 콘텐츠를 말하는데, 영상편집이라는 영역을 어렵게 느끼는 분들이 있을 수 있습니다. 편집 자체보다는 어떤 메시지를 전달하는가가 더 중요하니 부담은 내려놓으시면 좋겠습니다. 내가 찍은 영상을 편집 없이 릴스로 올릴 수도 있고, 인스타그램 자체에서 편집툴과 릴스 템플릿을 제공하니 걱정보다는 쉽게 릴스를 제작할 수 있습니다. 또 '릴스튜토리얼'이라고 검색하면 다른 크리에이터들이 올린 릴스 영상 제작법이 많으니 초보 시절엔 그대로 따라 해봐도 좋습니다.

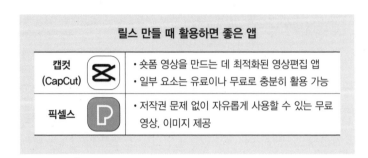

릴스 만들 때 활용하면 좋은 앱	
캡컷 (CapCut)	• 숏폼 영상을 만드는 데 최적화된 영상편집 앱 • 일부 요소는 유료이나 무료로 충분히 활용 가능
픽셀스	• 저작권 문제 없이 자유롭게 사용할 수 있는 무료 영상, 이미지 제공

릴스를 올릴 때는 주제 추가를 해주어야 노출에 도움이 되며, 이렇게 만든 짧은 영상은 네이버 블로그의 '모먼트'라는 숏폼 서비스나 유튜브 숏츠에 올리면 콘텐츠 재활용을 할 수 있어서 효율적입니다.

릴스를 올릴 때 올리는 콘텐츠와 어울리는 주제를 선택하면 좋다

3) 해시태그의 중요도는 예전보다 낮아짐

인스타그램은 해시태그인 #을 붙여야 검색이 되며, # 뒤에 내 피드와 관련 있는 키워드들을 입력하는 방식입니다. 예를 들어 #SNS마케팅, #해피스완, #스완컴퍼니라고 입력하면, 사람들이 'SNS마케팅', '해피스완', '스완컴퍼니'라고 검색했을 때 내 콘텐츠가 검색 결과에 노출됩니다.

과거 해시태그는 검색에서 중요한 역할을 했습니다. 그러나 현재는 계정이 어떤 주제로 운영되고, 어떤 구독자를 가졌는지가 더 중요합니다. 해시태그는 가벼운 마음으로 내 피드와 어울리는 키워드를 9개 미만으로 입력하세요.

릴스를 가장 쉽게 만드는 방법
─제공 템플릿 활용하기

① 　② 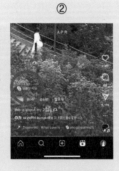　③

릴스 탭을 터치해서 추천되는 릴스를 감상하다가	마음에 드는 릴스에 '템플릿 사용' 버튼이 생긴다면 터치한다.	이미지나 영상을 넣을 수 있는 템플릿이 열리는데, '미디어 추가'를 누르고 내 영상과 이미지를 선택해서 넣어준다.

릴스 올리는 방법은 스토리와 비슷하니 이후의 화면은 앞선 「Tip. 인스타그램 스토리 올리기」 부분을 참고해서 마무리하면 된다.

하나의 콘텐츠를
여러 채널에 활용하기

하나의 소재를 여러 채널에 활용하는 것을 '원소스멀티유즈(one source multi-use)'라고 부릅니다. 한정된 자원으로 여러 채널을 운영하니 하나의 소재를 다양하게 활용하면 좋습니다. 간혹 원소스멀티유즈 한다면서 A 채널의 내용을 복사해서 B 채널에 그대로 붙여 넣는 경우가 있습니다. 이런 '복붙(복사 – 붙여넣기)'은 두 가지 이유로 하지 않는 것이 좋습니다.

먼저 복붙 콘텐츠는 구독자에게 자칫 '성의 없다'는 평가를 받을 수도 있습니다. 플랫폼마다 구독자는 다르지만 그럼에도 양쪽 채널을 모두 구독하는 분들이 있습니다. 내 브랜드를 좋아하는 진짜 팬들이니 기계적인 운영을 하지 않는 건 그분들에 대한 배려입니다.

두 번째는 채널마다 선호하는 콘텐츠 스타일과 알고리즘이 다르므로 플랫폼 성격에 맞춰 운영해야 합니다. 그러니 번거롭더라도 조금씩 변화를 주며 운영하는 것이 좋습니다. 예를 들어 블로그는 키워드로 검색되는 플랫폼이니 텍스트 위주로 작성해야 합니다. 인스타그램은 짧은 영상과 이미지를 업로드하고, 콘텐츠가 알고리즘에 의해 추천되는 플랫폼입니다. 앞서 이야기한 상위노출 부분을 참고해서 플랫폼별로 선호하는 콘텐츠를 만들어 주세요.

아래는 릴스 콘텐츠를 블로그 콘텐츠로 만들었던 예시입니다. 영상 화면을 캡처해서 이미지로 만들고, 이 책들을 왜 추천하는지 자세한 이유를 적어 넣었습니다. 그리고 네이버 책 DB에서 제공하는 책 정보를 추가로 넣었습니다.

릴스 콘텐츠

블로그 콘텐츠

이렇게 인스타그램은 짧게 흥미 위주로, 블로그는 정보를 텍스트로 적는 방식으로 운영하면 좋습니다. 물론 사람들이 검색할 것 같은 매력적인 제목도 반드시 달아주어야 하고요.

반응이 좋았던 콘텐츠를 다른 형태로 제작해도 좋습니다. 릴스 콘텐츠를 카드뉴스로 제작하든지, 블로그 콘텐츠를 릴스나 카드뉴스로 만들어서 올리는 것입니다. 반응이 좋았던 콘텐츠는 재사용해도 대부분 반응이 뜨겁습니다.

무엇보다 내 구독자들이 양쪽 채널을 모두 볼 수 있도록 유도하는 것이 가장 좋습니다. 인스타그램 하단에는 "더 상세한 설명은 블로그에서 봐주세요", 블로그 하단에는 "빠른 정보는 인스타그램을 구독해주세요"와 같은 멘트를 적어 두 채널을 자연스럽게 연결하면 됩니다.

복사 - 붙여넣기는 하지 말아야 한다는 점을 잊지 마세요.

다른 사람의 계정을 활용해
노출 확대

브랜드의 홍보나 판매를 위해선 내 SNS를 열심히 운영하는 것만큼이나 다른 사람들의 채널에 내 콘텐츠가 언급되는 것이 중요합니다. 그래야 나의 구독자가 아닌 사람들에게도 자연스럽게 노출될 수 있습니다. 다른 채널이 내 콘텐츠를 공유하게 하려면 작더라도 참여자들에게 혜택을 제공해야 합니다.

저는 수익화에 도전하기 전, 인지도를 올리고 싶어 '당신의 글감을 찾아드립니다'라는 재능기부 이벤트를 했습니다. 그 글에는 저만의 차별성─언론사에서 콘텐츠를 업으로 다룬 사람─, 재능기부 이유─유료 프로그램 런칭 예정─, 그간 블로그 마케팅 성과─상위노출된 화면 스크린샷─를 함께 담았습니다. 이런 내용이 담긴 제 글을 공유하고, 스크랩한 블로그 링크나 관련 고민을 비밀 댓글로 쓰면 되는 단순한 방식이었습니다.

[마감] 당신의 글감을 찾아 드립니다. / 선착순 30분

 해피스완 2019. 6. 9. 20:29   URL 복사   +이웃추가   ⋮

안녕하세요.
블로그의 양적, 질적 성장을 위해 밤낮으로 연구 중인 해피스완입니다.

블로그를 가장 빠르게 키울 수 있는 방법은 1일 1포스팅 + 이웃수가 늘어야 한다는 것은 다 알고 계시죠?
다만 이게 실행이 너무 어렵다는 거....
맘은 굴뚝 같아도 글감이 없어서 못 쓰신다고들 하세요.
이토록 평온하고 평범한 일상에 1일 1포스팅 꺼리가 없다고요!

그래서 해피스완이 딱 30분에게 재능드림으로 글감을 진행하고자 합니다.

1. **신청 기간** : 6월 10일 ~ 6월 28일
2. **혜택 인원** : 30명
3. **신청방법**
   - 이 포스팅 글을 개인 블로그에 스크랩 해주세요.
   - 본 포스팅에 스크랩한 URL, 블로그 주소, 글감에 대한 고민을 비댓으로 남겨주세요.
4. **유의사항**
   - 고민이 구체적일수록 구체적으로 도움을 드릴 수 있어요.
   - 생업이 있는지라 늦더라도 천천히 모두 피드백 드릴께요.
   - 요 드림 내용은 향후 프로그램을 보강하여 유료로 전환 예정이예요.
   - 매출 확대를 위한 브랜딩, 블로그 컨텐츠 / 영상 콘텐츠 관련 고민은 받지 않아요.

https://blog.naver.com/ajiyoon/221558067272

다른 사람의 계정을 활용해 노출 확대   **113**

공유 이벤트를 기획하고자 한다면 다음 사항에 유의해야 합니다. ① 페이지 구성: 왜 하는지, 참여 방법과 기간, 혜택 부분 명확히 명시. ② 참여율을 높이려면 선착순 이벤트보다는 무작위 추첨 방식으로. ③ 참가자의 주 계정으로 공유 유도(사용하지 않는 유령 계정 참여는 효과 미비).

저의 재능기부 이벤트 결과는 어땠을까요? 선착순 30명에게 혜택을 제공하기로 했는데, 2시간 만에 조기 마감되어 절반의 성공에 그치고 맙니다. 당첨자를 선정하는 조건이었으면 30개보다 더 많은 공유가 됐을 거라는 아쉬운 마음이 들더군요. 그래서 당첨자 선정 방식은 선착순보다는 무작위 추첨을 추천합니다.

구독자 늘리기가 목적이라면 내가 사용하지 않는 물건을 나누는 이벤트도 좋습니다. 예를 들면 내가 읽은 책을 무료로 나누면서 구독, 공유를 요청하는 이벤트인데, 이런 단순한 이벤트도 사람들의 참여도가 높습니다. 또 구독자 확대를 위해 무료 자료 나눔을 정기적으로 하는 분들도 있습니다.

제품 신뢰도는 구매 후기로부터

공유 이벤트가 인지도 확보 수단이라면 후기 관리는 내 서비스, 제품의 신뢰도 부분과 연결됩니다. 온라인 판매자들은 판매를 시작할 때 구매 후기를 쌓는 작업을 합니다. 소비자가 상세

페이지에 접속했을 때 제품 정보보다 구매 후기를 먼저 확인하기 때문입니다. 판매자는 본인에게 유리한 정보만 제공하니, 소비자는 앞서 제품을 구매한 사람들의 후기를 상대적으로 더 신뢰합니다. 그래서 서비스나 상품을 판매하는 사람은 후기 관리를 잘해야 합니다.

진심으로 클레오 님은 직장에 다니며 온라인에서 전자책 만들기 프로젝트를 운영하고 있습니다. 모객을 위한 공지를 작성할 때는 지난 기수 사람들의 후기를 빠뜨리지 않습니다. 프로그램이 끝날 때면 참가자들에게 평가 후기를 받아서 활용합니다. 이렇게 운영한 덕분인지 클레오 님의 프로젝트는 5년 넘게 장수 프로그램으로 이어지고 있을 뿐더러 오프라인 프로그램으로 확장되고 있습니다.

종종 SNS를 운영하지 않는 사람들이 고객인 경우가 있습니다. 이런 아쉬운 상황에도 방법은 있습니다. 개인 카카오톡, 오픈채팅방, 인스타그램 DM 혹은 포스트잇 등으로 간단하게 후기를 받고, 편집해서 내 SNS에 올리는 겁니다. 다른 사람이 직접 포스팅하는 것보다는 효과가 떨어지겠지만, 전혀 없는 것보다는 도움이 됩니다. 이때 유의할 점은 개인적인 내용은 모자이크 처리로 가리고, SNS에 공유해도 되는지 상대방에게 허락을 구하는 것입니다.

마지막으로 스스로 남기는 셀프 후기도 좋습니다. 저는 강의를 하고 나면 나중에라도 강의 장소, 참여하신 분들의 특징과 피드백, 강연 주제, 제가 느낀 점 등을 기록으로 남깁니다. 이런 기록은 누군가 제 채널에 방문했을 때 포트폴리오 역할을 합니다.

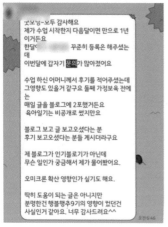

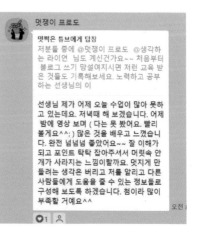

필자가 공유했던 고객 후기 예시

2장 | 고객을 끌어당기는 내 브랜드의 성공 법칙

전문적인 콘텐츠 바이럴을 원한다면

아크릴 굿즈 제작 업체 쑤굿팩토리는 창업 초기 블로그 콘텐츠 마케팅을 진행했다. 쑤굿의 블로그는 신생 계정이라 상대적으로 상위노출 경쟁에서 밀린다고 판단하여 다른 이들의 계정을 활용하는 콘텐츠 전략을 세웠다.

① 아크릴 굿즈 제작 공간으로 초대한 크리에이터들에게 브랜드를 설명하고 각자의 채널에 콘텐츠를 올릴 수 있도록 지원했고, ② 굿즈 소비 타깃과 맞는 계정을 모집해 제품 체험단을 진행했다. ③ 오픈 할인 이벤트, 굿즈 창업설명회와 같은 프로모션 안내를 다른 계정을 통해 포스팅하도록 했다.

이런 활동으로 생산된 콘텐츠 덕분에 사업 초기임에도 고객 문의가 들어왔고, 이를 매출로 연결했다. 내 계정이 신생 계정이라 콘텐츠가 노출되지 않는다고 포기하지 말고, 여러 채널을 섭외해서 고객들이 검색할 법한 키워드를 담은 콘텐츠를 발행하면 도움이 된다.

직접 콘텐츠 기획, 채널 섭외가 어렵다면, (비용이 들더라도) 전문 외주 마케팅 대행사를 활용하는 것도 방법이다. 대행사를 선정할 때는 내 업종에 대한 이해도가 높은 회사를 선택해야 하고, 장기 계약이나 비용의 일시 납부를 요구하는 회사는 피해야 한다. 일시납으로 몇 개월 치의 돈을 입금하면 계약 사항이 잘 이행되지 않거나 담당자가 사라지는 경우가 부지기수다. 요즘 세상에 누가 이런 사기에 당할까 싶지만, 내 주변에도 이런 황당한 일을 겪은 사람들이 의외로 있다.

지지자로 만드는 건 결국 '공감과 감동'

SNS를 키우는 일반적인 공식은 필요한 정보를 제공하며 내 계정으로 방문을 유도하는 것입니다. 그러나 여기서 한 걸음 더 나아가 방문한 사람들을 나의 응원군으로 만들어야 더 영향력 있는 계정이 될 수 있습니다. SNS 영향력을 키우려면 단순히 정보만 나열하기보다는 콘텐츠에 나의 이야기를 담는 것이 좋습니다.

인사이드대치 님은 교육 콘텐츠를 다루는 인플루언서입니다. (지금은 완치되었지만) 갑자기 건강이 나빠지면서 느낀 점들, 아들과 사춘기 갈등을 해결해 나가는 과정, 대치동에서 만나는 사람들의 이야기를 솔직하게 적다 보니 단순히 대치동 교육 콘텐츠를 발행하는 사람들보다 팬층이 두껍습니다. 또 엄마의 성장을 위한 독서 모임을 개설하여 영역을 확장하고 있습니다. 비슷한 정보가 많은데도, 유독 영향력이 큰 건 본인의 이야기를 잘 풀어내는 덕분이라는 생각이 듭니다.

정보 콘텐츠 만들기도 어려운데 스토리까지 더해야 한다니 너무한다고 생각하실 수 있겠지만, 이는 생각보다 어렵지 않습니다. 모든 콘텐츠마다 내 이야기를 담아야 하는 것도 아니고, 매번 진지하게 써야 하는 것도 아니니까요. 아래는 제가 블로그에 포스팅한 내용입니다.

> **회사가 힘들 때 해보면 좋을 세 가지**
> 1) SNS로 개인 브랜딩 키우기 시작
> 2) 예비 창업자를 위한 교육 미리 들어보기
> 3) 신경정신과 전문가의 도움 받아도 괜찮아

3번 뒤에 덧붙인 내용은 아래와 같습니다.

> 저는 신경정신과에 오해가 컸어요. 오래 고민하고 어렵게 찾아간 그곳에선 생각보다 나의 이야기를 집중해서 들어주고 편을 들어주셨어요. 그리고 힘든 사람이 나 혼자가 아님을 알게 되니 뭐랄까 동지가 생기는 느낌이랄까요? 병원 가는 것을 남발하면 안 되겠지만, 반복적으로 힘들고 신체적 증상까지 나타난다면 전문가를 찾아가 보세요.

이걸 본 분들은 "그동안 힘들었구나, 애썼다!" 같은 격려를 보내주셨습니다. 또 회사 때문에 괴로웠던 누군가에게는 다른 대안을 찾아볼 기회가 됐을 겁니다. 진지하게 회사가 힘들어서 신경정신과에 다녔다고 고백했다면 듣는 사람도 부담스러웠을 텐데, 가볍게 제 경험을 바탕으로 콘텐츠를 제작하니 정보와 제 근황을 공유하는 콘텐츠가 되었습니다.

개인의 경험을 정보성 콘텐츠로 만들어서 제공해도 좋고, 콘텐츠 초반에 이걸 만들게 된 이유를 밝히며 자연스럽게 자기 이야기를 공유해도 좋습니다. 아래는 그 예시입니다.

> 독감에 심하게 걸렸다 일어나니 피부가 칙칙해져서 올리브
> ○에서 추천하는 마스크팩을 써보고 솔직한 리뷰를 남겨요.

독감에 걸렸지만 그럼에도 자기 관리를 하는 사람이라는, 계정 주인의 느낌이 전달되죠?

SNS에 성장의 기록을 남기면 가장 큰 응원 부대를 만들 수 있다

릴스지영 님은 영상편집에 관련된 책을 3권 출간한 숏폼 크리에이터로서 여러 기관에서 강의를 하고 있습니다. 지금은 누구보다 바쁜 일정을 가졌지만, 불과 4년 전까지만 해도 자기는 잘하는 것이 없다고 생각하던 13년 차 전업주부였습니다. 지영 님

은 남편 사업에 도움을 주려고 SNS 마케팅을 배운 것을 계기로 성장하고 있습니다.

온라인 프로젝트 클래스를 운영하고, 기관에 강의를 나가더니 이제는 강사협동조합을 만들어 대표도 하고 있습니다. 물론 실력과 주변을 잘 챙기는 넉넉한 성품 덕에 잘나가는 강사가 되었겠지요. 여기에 경력 단절을 이겨낸 스토리가 덧입혀져 더욱 특별한 크리에이터가 되었습니다.

숨쉬기 운동밖에 안 하던 사람이 10km 마라톤을 완주하기까지의 기록, 구독자 0명에서 1만 명까지 키운 유튜버, 시골유학을 하는 아이를 온라인 학습으로 사립중학교에 보낸 엄마…. 이처럼 단순히 마라톤, 유튜브 마케팅, 교육 콘텐츠가 아니라 여기에 자신의 일상과 관점을 담는다면 나의 팬을 만드는 계정이 될 수 있습니다.

좋은 정보 콘텐츠란 무엇일까

온라인에는 참 많은 정보가 흘러 다닌다. 그중에서 좋은 정보 콘텐츠란 무엇일까? 먼저 사람들이 시선을 잠시 멈추고 다음에 다시 보고 싶어서 저장한다면 좋은 콘텐츠라고 생각한다. 또한 이 정보가 필요한 누군가가 떠올라서 공유한다면 사람들에게 필요한 콘텐츠일 가능성이 높다.

인스타그램에서는 인사이트를 통해 이런 수치들을 확인할 수 있다. 아래 그림에서 1276은 공유횟수, 9133은 저장수를 나타낸다. 내가 만드는 콘텐츠들의 저장수를 보면서 사람들에게 필요한 콘텐츠는 어떤 소재인지를 짐작해야 한다.

요리 인플루언서 달스 님의 인스타그램 인사이트

번거로워도 잊지 말아야 할
팔로우와의 소통

댓글에 대한 반응을 어떻게 해야 할지 고민이라는 분이 많습니다. 팔로우들과의 상호작용은 콘텐츠를 만드는 것만큼이나 중요합니다. 이런 소통을 통해 서로 관심을 주고받으며 응원하는 마음이 생기기 때문입니다. 고객과의 소통은 인스타그램, 블로그, 유튜브 모두 중요합니다. 그분도 고민하다가 반응을 남겼을 테니 그 성의를 무시하지 않아야 합니다.

상대방의 이름을 부르며 소통하기

남매를 키우는 쏘맘 님은 팔로워 3만 명의 육아 인플루언서입니다. 아이를 키우는 일상과 관련 정보를 공유하고, 육아용품 공동구매를 합니다. 쏘맘 님의 인스타그램 계정을 보면 특별한 점이 있습니다. 바로 콘텐츠 전반에 걸쳐 댓글이 많이 달리고, 댓글보다 더 길게 쏘맘 님이 대댓글을 쓴다는 점입니다. 막내아이가 돌쟁이라 피곤할 텐데도 소통에 최선을 다하는 이유를 물어보니 "댓글 쓰는 분들도 망설이다 남겼을 테니 보답하는 의미로 반응을 열심히 남긴다"라는 답변이 돌아왔습니다.

쏘맘 님의 소통 노하우는 이름을 불러주는 겁니다. 내가 좋아하는 계정 운영자가 대댓글뿐 아니라 다정하게 이름도 불러주니 관계는 더 각별해지고 감동은 배가 되는 것 같습니다. 이렇게 탄탄하게 소통하니 팬심이 생기고 판매하는 공동구매 물품마다 반응이 뜨거운 것 아닐까요.

쏘맘 님의 인스타그램 댓글 모습

인스타그램에서는 계정 태그(@상대방 계정)를 내 게시물에서 다른 사람을 언급할 때 활용합니다. 이렇게 계정 태그를 하면 태그한 상대방에게 내 게시물의 알림이 갑니다. 알림을 받은 사람은 그 게시물을 자기 계정의 스토리에 올리며 반응하는 것이 기본 매너입니다. 서로 태그하고 업로드하며 유대감을 형성합니다. 몇십만의 인플루언서가 태그에 반응해 내 게시물을 본인 스토리에 올려준다면 팬심이 더욱 두터워지겠지요?

누군가 날 태그한 것을 내가 다시 스토리에 올린 모습

저도 처음 블로그를 시작했을 때 댓글을 열심히 달았습니다. 당시 출퇴근 거리가 꽤 멀었는데 지하철에서 보내는 시간을 댓글 소통의 시간으로 정하고, 대댓글을 달거나 댓글 쓴 사람의 블로그에 답방해서 댓글을 쓰는 등 소통을 열심히 했던 기억이 납니다. 이 과정에서 나와 생각이 맞는 동료를 만날 수도 있으니 막 시작하는 계정이라면 소통에 공들이길 추천합니다.

경쟁자와 비슷하다면
차별 요소를 하나 추가하자

브랜드를 만들고 성장하다 보면 필연적으로 경쟁자를 만나게 됩니다. 이때 '다른 사람이 아닌 나를 선택해야 하는 이유, 즉 차별화 요소'가 필요합니다. 그렇다면 차별화는 어떻게 만들어야 할까요?

다른 계정을 벤치마킹하기

나의 롤모델 계정을 찾아보세요. 나와 같은 주제를 다루면서도 소위 잘나가는 계정 중에서 내가 닮고 싶은 계정을 찾아보세요. 국내뿐 아니라 영어로 검색해서 해외 계정을 찾아봐도 좋습니다. 롤모델 계정을 찾아 프로필 구성은 어떻게 했는지, 어떤 주제의 콘텐츠를 어떤 형식으로 올리는지, 고객과의 소통은 어떻게 하는지를 점검해보세요.

롤모델 계정을 찾았다면 최신 콘텐츠뿐 아니라, 그동안 쌓아둔 콘텐츠를 쭉 한번 역주행하며 보는 것도 도움이 됩니다. 과거의 콘텐츠 중에서 유독 댓글이 많은 콘텐츠가 있다면 어떤 것인지 살펴보고, 내게 적용할 수 있는 것이 있다면 반영해보세요.

꼭 같은 분야만이 아니라 범위를 확대해서 찾아보는 것도 방법입니다. 내가 필라테스 계정 운영자라면 요가원 운영자나 물리치료사들의 계정을 보고 벤치마킹해도 좋습니다. 잠재고객이 비슷한 업종을 찾아 한계를 두지 말고 많이 봐두면 도움이 됩니다.

내 안에서 차별화 포인트 찾아보기

1) 나는 어떤 경력을 가지고 있는가?

은정 님은 프랜차이즈 P 제과점을 운영하는데 주변 제과점보다 상대적으로 입지가 좋지 않다고 판단하고, 단체주문 고객 확대를 목적으로 인스타그램을 운영 중입니다. 결혼 전 유명한 패밀리 레스토랑의 주방 매니저로 일했던 경험이 있어 이 점을 언급하며 전문성과 청결을 강조합니다. 또 동일 브랜드의 다른 매장에 비해 많은 종류의 빵을 매일 아침 생산하고, 저녁에는 빵을 기부한다는 걸 알리고 있습니다. 이렇게 비슷해 보이는 프랜차이즈여도 어떤 사람이 만드는지에 따라 차별성이 드러납니다. 여러분도 잊고 있던 경험과 경력까지 잘 끄집어내어 보시기를 바랍니다.

2) 다른 사람은 지나치는데, 나는 할 수 있는 것

다른 사람은 못 하지만, 나는 조금만 노력하면 할 수 있는 일이 있습니다. 다른 사람을 벤치마킹할 때 내가 보완할 수 있는 요소는 무엇일까를 생각해보면 좋습니다.

핸드니팅 공방을 운영하는 여정 포레스트 님은 외부 출강을 다녀오면 인스타그램이나 블로그에 간단하게라도 후기를 남깁니다. 본인의 출강 포트폴리오이기도 하지만, 행사를 기획하고 섭외해준 담당자에게 감사의 마음을 남기기 위해서입니다. 이렇게 만든 콘텐츠들은 참여한 행사의 홍보 콘텐츠가 되기에 담당자들의 실적이 되기도 합니다. 또 강의가 끝나면 수강생들에게 본인이 만든 작품을 담아갈 수 있는 부직포 가방을 제공합니다. 원데이클래스가 참가자들에게 조금 더 의미 있는 시간으로 기억되길 바라는 마음에서입니다. 고객이 원하는 것을 좀 더 세심하게 찾아보는 것도 도움이 되겠지요?

3) 세부적으로 쪼개보기

내가 하고 싶은 분야를 세분화할수록 차별화할 부분도 잘 드러납니다. 얼마 전 시니어 홈트레이닝 앱 사업을 하는 친구와 인스타그램 교육 기획을 하게 되었습니다. 어떤 인스타그램 수업을 구성할지를 회의하며 아래와 같이 생각을 전개했습니다.

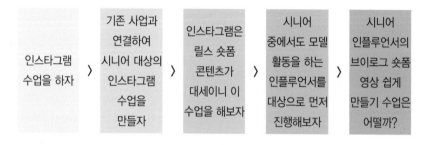

어떤가요? 단순히 인스타그램 프로그램을 운영한다고 했으면 수백 명의 강사와 경쟁해야 하는데 ① 목표 고객을 구체화하고, ② 내용을 세분화할수록 차별화되고 있음을 알 수 있습니다.

이렇게 발견된 차별화 요소들은 나의 SNS 계정 프로필, 콘텐츠, 모객(판매) 공지 등에 노출해주세요. 시간이 지날수록 차별화 요소들이 단단해지면서 여러분의 브랜딩이 되어줄 겁니다. 그리고 나의 차별화를 좋아하는 사람들은 나의 팬이 될 테고요.

일기는 쓰지 말라고요?
아니요, 본인이 잘 드러나게 써주세요

SNS는 일기장이 아니니 개인의 일상은 적지 말라는 분들이 있습니다. 저는 오히려 SNS는 공개된 일기장이라 내 일상과 생각을 담아서 표현해야 한다고 생각합니다. 계정 주인의 적절한 일상 기록은 계정의 매력을 더해줍니다. 이런 매력이 있어야 팬이 생기고, 고정적으로 내 콘텐츠를 소비하는 사람들이 생깁니다. 너무 정보성으로만 운영되는 SNS를 보고 있자면 '사람이 운영하는 SNS가 맞나?'라는 의심이 들면서 정보만 소비하고 바로 떠나게 됩니다.

저는 개인 일상과 정보성 콘텐츠 모두를 발행하고 있습니다. 네이버 블로그는 정보성 글 조회수가 월등히 높지만, 일상 글에는 이웃들의 댓글이 상대적으로 많이 달립니다. 안부를 묻는다든지 제 생각에 공감해주는 흔적을 남기기도 하고요. 정보성 글이 나를 모르는 사람도 검색을 통해 내 SNS에 오게 하는 원동력이라면, 일상 글은 내 이웃들의 재방문 및 소통의 창구 역할을 합니다.

원타 님은 부동산 투자자이자 유치원생을 키우는 엄마입니다. 원타 님은 새로운 일을 도전하는 과정과 일상에서 느끼는 여러 감정을 블로그에 솔직하게 기록하고 있습니다. 웹소설 작가 도전기를 꾸준히 올리고, 운영하던 파티룸을 매도하는 과정에서 느끼는 감정도 적고, 컨디션이 안 좋아서 쉬어가는 이야기도 남기고 있습니다. 이런 기록 과정을 보고 있자면 나도 모르게 원타 님의 다음 프로젝트가 궁금해지고, 응원하게 됩니다. 원타 님의 SNS는 이런 재미가 있어서 새 글이 올라오면 바로 읽고, 진한 응원의 댓글을 남기게 됩니다.

성공을 장담할 수 없는 상황에서 도전할 것을 선언하고, 그 과정을 기록하는 일은 부담스럽습니다. 다이어트를 선언하고 그 과정을 남기면서도, '살이 안 빠지면 어떡하지?' 같은 의구심이 드는 것은 인지상정입니다. 그런데 『프로세스 이코노미』의 저자 오바라 가즈히로는 정답이 하나라는 고정관념을 버려야 한다고 합니다. 꼭 살을 빼야만 성공이 아니라는 거죠. 내가 '왜' 하는지는 사람마다 고유성이 있는 부분이라 정답이 없고, 내가 이 일을 하는 이유를 팬들과 나누며 나만의 가치를 만들어가는 과정이 중요하다고 강조합니다.

제가 생각하는 일기는 단순한 신변잡기가 아닙니다. 사람들은 누가 누구랑 밥을 먹었는지 따위의 일상에는 별로 관심이 없습니다. 그렇지만 윈타 님처럼 누군가가 자신의 성장 과정을 기록하는 데는 호기심이 일어납니다. 그래서 이런 꾸준한 기록은 브랜딩이 어느 정도 되었을 때 무엇과도 바꿀 수 없는 귀한 자산이 됩니다.

다만 다른 사람에게 공감을 주지 못하는 신변잡기식의 일상 콘텐츠가 되지 않으려면 몇 가지를 주의해야 합니다.

1) 반복되는 과정이라도 구체적인 메시지를 만들자

'감사 일기', '운동 일기'처럼 같은 제목을 반복하며 블로그에 기록하는 경우가 있습니다. 인스타그램에도 타임스탬프(시간, 장소 인증 앱)만 찍어서 공유한다면 보는 사람들은 재미가 없습니다. 그래서 반복되는 과정이라도 구체적인 메시지를 만드는 것이 중요합니다.

> 감사 일기 3 (×)
> → 세 번째 책 계약해서 감사한 날 (○)

제목만 구체적으로 썼을 뿐인데 클릭해서 응원의 글을 남기고 싶어집니다.

선물 받은 귀한 것은 바로바로 사용하자

전 선물 받으면 잘 보관하거든요 ㅎㅎ

너무 잘 보관하다 보니 그러고 잊어요 ㅠㅠ

이번에 비우다 보니 유통기한 지난 화장품,

비누가 썩은 거 보셨나요? ㅠㅠ

비닐째 고대로 있는 고운 스카프들…

이제는 선물 받으면 바로 먹거나 사용해요.

그게 주신 분의 마음에 보답하는 길이라고 생각합니다.

예전에 제가 '물건 비움 프로젝트 30일'에 참여하고, 2019년에 남긴 기록입니다. 시간이 한참 지났음에도 읽고 공감하는 분들도 있을 거고, 또 어떤 인사이트가 있었는지 궁금하신 분들도 있을 겁니다. 이처럼 매일 똑같이 물건을 비우더라도 사진만 공유하지 말고, 자기만의 소소한 메시지를 찾아서 남기는 것이 좋습니다.

2) 긍정적인 기록을 남기자

사람에게 기분 좋은 날만 있진 않습니다. 그렇지만 불쾌한 감정을 가감 없이 SNS에 반복적으로 올리지는 말아주세요. 부정적인 기운은 영향력이 커서 보는 사람에게도 금방 퍼져버립니다. 그리고 여러분의 SNS를 불편한 시선으로 보는 사람이 생깁니다.

그러면 이제 나의 일상에서 인사이트 하나를 뽑아 SNS에 남겨볼까요?

3장

내 브랜드로 수익화 도전

어떤 일로 수익화를 시작할까?
시간당 수당 vs 시간당 가치

무언가 시작하려고 하면 사기를 꺾는 사람들이 있습니다. 블로그를 하겠다고 하면 네이버 검색은 한물갔다, 스마트스토어에 도전하겠다고 하면 이미 전 국민이 부업으로 하고 있어 낄 곳이 없다고 합니다. 다양한 이유로 만류하며 최저시급이 높으니 차라리 아르바이트하라고 권하기도 합니다.

시간당 아르바이트는 안정적으로 얼마씩 버는 장점이 있지만, 내 시간은 한정적이기에 벌 수 있는 돈에 한계가 있습니다. 무엇보다 내가 그 돈을 벌기 위해선 항상 그 장소에 있어야 합니다. 물론 고정 수입으로 생활을 유지하는 것은 아주 중요합니다. 그런데 먹고사니즘이 해결된 뒤에는 '지금 내가 투자하는 한 시간이 앞으로 얼마의 가치를 만들어낼 수 있는지'를 생각하면 좋겠습니다.

온라인에서 물건을 팔고 싶은 초보 사장님을 예로 들어보겠습니다. 하루에 만 원도 벌지 못하는 날도 있어 기운은 빠지겠지만, 이 시간은 돈으로 환산할 수 없는 귀한 자산입니다. 어떤 물건을 소싱하고, 상위노출을 위해 정보를 찾아보며 무엇과도 바꿀 수 없는 나의 경험을 쌓는 중이니까요. 시간당 수당은 낮을지 모르겠지만 미래를 위한 경험을 만드는 중입니다.

저도 처음으로 월급 이외의 수익에 도전하던 6개월가량은 블로그 포스팅을 매일 1개씩 했습니다. 블로그 강의를 하고 싶은데 어떻게 시작해야 할지 모르겠더라고요. '지금 내가 할 수 있는 것을 해보자'라는 마음으로 블로그에 매일 포스팅하면서 온라인 세상에 나의 콘텐츠를 발행하고, 제 글에 반응하는 사람과 관계를 쌓았습니다. 추가 수입을 벌고 싶다고 시간당 급여를 주는 곳을 선택했다면 지금의 저는 없었을 겁니다.

꼭 수익 창출이 아니어도 좋습니다. 하루 한 시간 투자로 나의 관심사를 발견하는 것도 좋습니다. 퇴사 후 혹은 잠시 공백기를 가졌다가 창업하는 분들을 보면, 자신의 취미를 창업 아이템으로 연결하는 사례가 많습니다.

작업실에이치 님은 약국에서 근무하는 직원이었습니다. 약국만 오가는 지루한 삶을 벗어나고 싶어서 예전부터 배우고 싶었던 캔들 클래스를 신청했습니다. 처음엔 취미로 시작했지만, 직장과 병행하며 1년간 꾸준히 배우고 마침내 공방 창업까지 하게 됩니다. 공방은 보통 하나의 아이템에 집중하는데 손으로 만드는 일 자체가 좋았던 작업실에이치 님은 글라스아트, 친환경 샤

위용품, 향수, 화분 만들기 등 다양한 영역으로 일을 확장합니다. 아이템이 다양하니 클래스에 참여한 고객들의 재방문과 출강 문의가 많아지고 있다고 합니다.

취미를 창업으로 연결한 작업실에이치 님은 "관심 가는 아이템이 있다면 원데이클래스 참여를 추천"한다고 말합니다. 한 번 체험한 후에도 추가로 시간과 비용을 투자하겠다는 생각이 든다면, 이후엔 닮고 싶은 선생님을 찾아 본격적으로 배워야 가성비(투자 대비 효율)가 좋다고 조언합니다.

결과물을 위한 숙성의 시간은 누구에게나 필요하다

기묘한 님은 커머스 스타트업에 다니며 개인적으로 커머스 전문 이메일 뉴스레터를 발행합니다. 업무 특성상 뉴스기사를 많이 읽는데, 이를 정리해서 사람들에게 공유하자는 생각이 그 시작이었습니다. 뉴스레터는 2019년 11월 첫 발행한 이후 어느덧 1.7만 명의 구독자를 가지고 있습니다. 커머스 업계 종사자들 사이에선 영향력 있는 매체로서 이제는 수익도 어느 정도 발생하고 있습니다. 이런 영향력을 바탕으로 출간이나 기고, 강연 등의 기회도 얻고 있습니다. 기묘한 님은 여전히 직장생활을 하며 뉴스레터 일을 병행하고 있습니다.

TREND LITE

01 더현대 서울의 연매출 1조가 더 특별한 이유
02 알려대루-쉬인 열풍, 오래가지는 못할 겁니다
03 뉴스 TOP5 - '쿠팡 독주 시대의 커머스 생존법' 外

더현대 서울의 연매출 1조가 더 특별한 이유

기묘한 님이 운영하는 뉴스레터 《트렌드 라이트》

하브 에커는 『백만장자 시크릿』에서 '복도'에 들어가야 한다고 말합니다. 복도는 내가 원하는 분야나 직종의 언저리를 이야기합니다. 복도라도 들어서고 나면 여기저기 기회의 문이 열릴 뿐 아니라 그 분야가 자신에게 맞지 않는다는 걸 깨달을 수도 있다고 주장합니다. 공방 선생님이 되고 싶다면 그 분야를 배우며 그 근처에라도 있어야 한다는 의미겠지요. 예상과 다르게 내게 맞는 일이 아니라는 걸 깨닫는 것도 큰 수확일 테고요.

누구나 경험을 쌓는 시간이 필요합니다. 처음부터 월 천만 원을 버는 쇼핑몰 운영이 목표라면, 어쩌면 시작할 엄두조차 나지 않을 수 있습니다. 시작할 때는 기대치를 낮추어보세요. 무조건 반대하는 에너지 커터(cutter)들의 말은 무시하고, 나만의 경험을 쌓는 중이라고 생각해보세요. 작은 경험과 작은 성공이 이어지면 그들의 말에 흔들리지 않을 겁니다.

지식 콘텐츠 사업을 시작하는 방법: 프리랜서 마켓 vs 개인 SNS

지식 콘텐츠 사업은 각자의 경험과 전문성을 바탕으로 수익을 만드는 사업모델을 말합니다. 예를 들면 소상공인의 블로그 운영을 해주고 얼마씩 금액을 받는 방식입니다. 고객이 가진 곤란한 문제를 내가 해결해주고, 그 과정에서 수익을 창출하는 거지요. 이런 사업모델은 개인의 재능이 핵심이기에 저자본으로도 창업할 수 있습니다. 초기에 들어가는 비용이 적으니 부담 없이 시작할 수 있어서 온라인 사업을 본격적으로 시작하기 전에 준비운동처럼 도전하는 분이 많습니다. 지식 콘텐츠 창업은 크게 두 가지로 시작할 수 있습니다.

1) 프리랜서 마켓 활용하기

　프리랜서 마켓은 전문가의 도움이 필요한 사람과 전문가를 연결해주는 매칭 플랫폼으로 크몽, 숨고, 네이버 엑스퍼트로 대표됩니다.

　프리랜서 마켓을 통해 다양한 문제를 해결할 수 있는데 SNS 운영부터 여러 분야의 코칭, 디자인 외주 제작, 세무사, 노무사, 영어 회화, 자기소개서 첨삭 등등 전문가의 카테고리가 매우 다양합니다. 특히 전문가로 활동하려면 플랫폼의 사전 승인을 받아야 합니다.

　프리랜서 마켓의 장점은 플랫폼으로 유입되는 방문자수가 많아 전문가의 인지도가 낮아도 업무 요청이 많이 들어올 수 있다는 것입니다. 다만 업무가 성사되면 플랫폼에 일정 비율의 수수료를 주어야 합니다.

크몽 https://kmong.com	• 가장 활성화되어 있는 프리랜서 마켓으로 필요한 전문가를 검색한 후 결제한 뒤에 업무를 의뢰 • 전문가와 의뢰자 간에 메신저로 소통
숨고 https://soomgo.com	• 의뢰자가 서비스 내용을 올리면 고수(전문가)들이 견적과 서비스 사항을 제안하는 방식 • 의뢰자는 제안받은 고수 중 자신과 맞는 사람을 선택하여 업무를 진행
네이버 엑스퍼트 https://expert.naver.com	• 전문가와의 일대일 상담 & 코칭 위주로 운영 • 네이버의 서비스로 네이버페이와 네이버톡톡을 활용

2) 개인 SNS 활용하기

블로그, 인스타그램, 유튜브 채널을 통해 각자의 서비스를 판매할 수도 있습니다. SNS 채널을 통해 판매하려면 무엇보다 개인 SNS가 활성화되어 있어야 합니다. 개인의 영향력이 커질수록 상품의 단가와 매출도 함께 높아질 수 있습니다. 그러려면 탄탄한 내 SNS가 잠재고객들이 자주 방문할 수 있는 창구가 되어야 합니다.

개인 채널을 활용한 수익화 시작의 장단점은 프리랜서 마켓에서 활동할 때와 반대입니다. 별도 수수료를 내지 않는 것이 장점이고, 브랜딩만 잘 되어있다면 고가의 상품을 판매할 수도 있습니다. 다만 고객들이 내 채널을 방문할 수 있는 접점을 만들고, 기꺼이 지갑을 열 수 있도록 영향력을 계속 쌓아야 합니다.

최근에는 개인 SNS와 프리랜서 마켓을 모두 활용하는 분들이 늘고 있습니다. 저 역시 블로그, 인스타그램으로 수익 활동을 하고 있지만, 크몽에서 블로그 관련 전자책을 판매하기도 했고 네이버 엑스퍼트를 홍보 채널로 활용하고 있습니다. 고객과의 접점이 늘어날수록 수익화 가능성이 높고, 프리랜서 마켓에 전문가로 입점했다는 사실만으로도 개인 브랜딩에 도움이 되기도 합니다.

인지도가 낮을 때는 프리랜서 마켓에서 시작해서 경험을 쌓는 동시에 개인 SNS 채널에는 프로젝트 후기와 성과를 기록하며 중장기적으로 독립하는 모델을 추천합니다.

정당한 금액을 받아야 하는 이유

세상엔 두 부류의 사람이 있습니다. 다른 사람의 돈을 잘 받는 사람과 그렇지 못한 사람. 저는 후자에 가깝습니다. 제공하는 서비스에 대해 얼마를 받을지 정하기가 어렵습니다. 특히 지인에게는 "이번엔 그냥 재능기부(무료)로 하고 다음부터 받을게요"라고 말하곤 합니다. 이게 고민이다 보니 '사람들에게 돈 받기가 미안한데 어떻게 하면 좋을까'를 주제로 코칭을 받은 적이 있을 정도입니다.

저는 수강생 커뮤니티를 운영하고 있는데 운영 초반엔 저의 시간과 노력을 갈아 넣어 무료로 퍼주는 사람이었습니다. (물론 이런 나눔이 지금의 저를 있게 했다고도 생각합니다.) 그런데 제 에너지가 소진되는 것을 보고 "제공하는 서비스와 금액이 명확하면 좋겠다"라고 조언하는 분들이 생기기 시작했습니다. 정해진 비용을 내고, 그에 해당하는 서비스를 받고 싶다는 감사한 분들이었습니다.

이런 충고 덕분에 제 마음가짐도 조금씩 달라지고 있습니다. 무료 혜택만 취하고 커뮤니티를 떠나는 분들을 볼 때나 스스로 좋은 마음에 무료로 제공했으면서도 상대방이 내 마음 같지 않다고 느껴질 때면 저도 사람인지라 서운하기도 합니다. 이런 불필요한 감정을 없애려면 결국 비용을 받고 그 이상의 가치를 제공하는 것이 옳다고 결론을 내렸습니다. 배우들은 입금이 되면 그때부터 다이어트를 시작한다는 농담이 있는데요. 입금이 되면 그때부터 마음가짐이 달라지는 건 확실합니다.

공유오피스 사업가인 A는 경제적으로 어려웠지만, 간절히 배우고 싶었던 본인의 과거를 생각해 무료 강의를 자주 했다고 합니다. 그런데 지금은 유료 프로그램만 운영하고 있습니다. 그 이유는 딱 하나, 콘텐츠 자체를 공짜로 취급하는 사람들이 있었기 때문입니다. 또 무료라고 내용이 부족하거나 들어가는 노력이 적은 것도 아닌데 노쇼(예약하고 오지 않는 것)가 많았다고 합니다. 저도 비슷한 이유로 대부분 특강과 프로그램을 유료로 운영하고 있습니다. 책을 이미 구매한 분들을 대상으로 하거나 특별히 무료로 하고 싶다고 요청하는 경우에만 종종 무료 특강을 합니다.

유료, 무료의 경계는 무엇일까?

유료와 무료를 어떻게 구분할지 질문하는 분들이 있습니다. 개인 SNS로 제공하는 콘텐츠는 무료인데 유료 서비스와의 관계를 어떻게 설정하면 좋을지가 고민입니다. 그 경계는 각자의 기준에 따라 크게 달라서 정답은 없습니다. 다만 아래의 기준으로 생각해보시면 좋습니다.

무료 제공 콘텐츠	• 내가 제공하는 서비스가 왜 필요한지 • 동기부여에 도움 되는 이야기 • 내가 줄 수 있는 단편적인 정보들
유료 제공 콘텐츠 & 서비스	• 구체적으로 실행하는 데 도움이 되는 정보 • 꾸준히 실행할 수 있는 시스템(의지) 제공 • 고객 맞춤형 정보와 멘토링 & 중장기적인 계획 제공 • 바로 돈으로 연결될 수 있는 정보 • 상대방의 시간을 획기적으로 줄여줄 수 있는 서비스

깔끔한 집 정리를 추구하는 미니멀리스트를 위한 유·무료 콘텐츠를 제공하는 크리에이터를 예로 들어보겠습니다.

무료 제공 콘텐츠	• 왜 집 정리를 해야 하는지 • 집이 깨끗하니 달라진 5가지 • 미니멀라이프 인테리어를 참고할 수 있는 사이트
유료 제공 콘텐츠 & 서비스	• 주방 정리하는 방법 • 옷장 정리에 꼭 필요한 수납용품 소개와 판매처 • 매일 비움 인증 및 인증에 대한 피드백과 격려 • 가족 수, 상황별 맞춤 일대일 코칭

나만의 가격 단가표가 필요하다

본인이 하는 일의 가격표를 스스로 정해두세요. 이 가격표가 내가 하는 일의 기준 금액이 되겠지요. 생각했던 금액보다 많이 챙겨주신다면 당연히 고맙게 진행하면 되는 것이고, 기준에 미치지 못하더라도 내가 하고 싶다든지 내게 필요한 무언가가 있다면 잘 따져서 결정하면 됩니다. 경험상 이런 기준이 없으면 일하는 내내 받을 돈을 덜 받은 것 같아 서운하고, 열심히 할수록 손해라는 마음이 들게 마련입니다.

나의 가격표가 있다면 혹 무료로 서비스를 제공하게 되더라도 "이거 원래 10만 원인데 너니까 무료로 해주는 거야!"라고 가치를 알려주면 좋습니다. 내 아이템을 브랜드로 만들고 오래도록 지속하려면 매출이 꾸준히 나오고 서비스 퀄리티도 상승시켜야 한다는 걸 잊지 마세요.

합리적인 가격 책정 방법

가격의 정의를 찾아보면 "물건이 지닌 가치를 금액으로 나타낸 것"이라고 합니다. 그럼 어떻게 나의 서비스와 제품에 대한 가치를 나타내야 할까요? 도매시장에서 판매 물건을 소싱하는 경우 최저 판매 가격이 정해져 있는 때도 있지만, 일반적으로는 도매가의 1.5~3배 정도로 판매 금액을 설정합니다. 제품에 따라선 도매가 대비 10배까지 책정하기도 합니다.

도매시장에서 물건을 가져오는 경우는 그나마 명확하지만, 노하우를 파는 지식 콘텐츠의 경우는 어떻게 설정하면 좋을까요? 아래 기준으로 정리해보세요. 저는 초보를 위한 인스타그램 클래스를 구성한다고 예시를 들어보겠습니다.

1) 고객에게 제공하는 내용 리스트업

'인스타그램 알려주기'처럼 뭉뚱그려 생각하지 말고, 상세히 세분화해서 정리하는 게 중요합니다. 내가 어떤 걸 제공하고 고객이 어떤 결과물을 가져갈 수 있는지 생각해보세요.

인스타그램 수업에서 제공하는 혜택
• 인스타그램 초보가 인스타그램의 원리를 깨닫고, 30일 안에 인스타그램에 익숙해지는 것을 목표로 함
• 인스타그램 기능 활용에 관한 녹화 VOD 15편
• 30분 일대일 맞춤 유선 코칭
• 프로그램 기간 내 문의 사항에 답변
• 한 달간 업로드한 피드에 대한 전체 피드백

2) 들어가는 비용과 노력 산출

플랫폼 수수료, 공간 임대료, 보조 강사를 활용한다면 인건비와 같은 직접 경비를 포함하세요. 그리고 내가 주는 정보의 비용이 어느 정도인지 측정해야 합니다. 눈에 보이지 않는 노하우는 금액 책정이 어려운데, 크몽이나 숨고 같은 프리랜서 마켓에서 내가 제공하는 서비스와 유사한 것을 참고하면 좋습니다. 그리고 반드시 포함해야 할 것은 투입되는 나의 시간입니다.

프리랜서 마켓 벤치마킹 이외에도 블로그, 인스타그램에서

비슷한 프로그램을 찾아봐도 좋습니다. SNS에서 자체적으로 모객하는 프로그램들은 금액이 천차만별이고, 고가로 판매하는 사람들도 많습니다. 그런 프로그램들을 질투하기보다는 비싼 금액인데도 어떤 매력이 있길래 사람들이 구매하는지 살펴보고, 나에게 적용할 수 있는 것을 찾아서 반영해보세요. 고가의 상품은 강사의 브랜딩이 잘되어 있거나 수강생의 결과물이 좋은 경우가 많습니다.

인스타그램 수업 예시

- VOD 녹화를 위한 교재 작성 및 촬영 시간:
  약 10시간 → 20만 원
- 인스타그램 노하우 정리 전달: (프리랜서 마켓 참고) **10만 원**
- 30분 일대일 상담: (프리랜서 마켓 참고) **3만 원**
- 문의 사항에 답변 및 전체 피드백: **5만 원**
- 스마트스토어 결제 수수료: **결제 금액의 5%**
- 온라인 수업이라 공간 임대료, 보조 강사비, 간식비 등은 발생하지 않음

대략 따져보니 약 30~40만 원 정도의 가치를 제공하는 수업임을 알 수 있습니다.

3) 내 상품의 가격 정하기

앞에서 내가 제공할 것을 세부적으로 정리하고, 그에 상응하는 금액도 벤치마킹을 통해 정리해보았습니다. 그러면 이제 내가 가진 차별성, 인지도, 수강생 결과물에 대한 자신감 등을 고려하여 금액을 더하거나 빼보세요.

인스타그램 수업 예시

(1) 플러스 요소
- 마케터 출신이라 인스타그램뿐 아니라 마케팅 전반에 도움을 줄 수 있다.
- 블로그 수업도 함께하고 있어서 연속성 있게 배울 수 있다.
- 활성화된 커뮤니티가 있어서 프로그램이 끝난 후에도 함께 성장하며 소통할 멤버를 찾기 쉽다.

---

(2) 마이너스 요소
- 녹화된 VOD 수업이라 개인의 의지가 있어야 완강할 수 있다.
- 강사를 온라인으로만 만날 수 있다.

가격을 정할 때 기억해야 할 점이 있습니다. 처음 시작할 때 금액을 너무 낮게 잡으면 이후에 금액을 올리기 쉽지 않다는 점입니다. 저는 10만 원이던 블로그 수업료를 16만 5천 원으로 올리는 데 무려 4년이 걸렸습니다. 한번 책정된 금액을 변동하는 건 그만큼 어렵습니다. 오히려 새로운 상품 만드는 게 쉽습니다. 그

러면 어떻게 해야 할까요?

이럴 때는 한정 기간 제공하는 프로모션을 만들면 도움이 됩니다. 예를 들어 10만 원짜리라면 오픈 특가로 50% 할인, 다음엔 25% 할인 그리고 완주자 2만 원 리워드 지급처럼 정가를 수정하지 않고 좀 더 저렴하게 제공할 수 있는 방법을 찾아보세요.

강사비는 어떻게 책정할까

강의 섭외가 오면 얼마를 요청해야 하느냐는 질문을 자주 받는다. 이럴 땐 연락을 한 기관에 직접 물어보는 것도 방법이다. 출강 제안이 오는 경우 강사비 예산이 대략 정해져 있는 경우가 많아 먼저 물어도 실례되지 않는다. 혹은 원하는 금액을 말하고 조정할 수 있다고 덧붙여도 된다. 이때 앞서 이야기한 내 가격표(기준)가 있으면 도움이 된다.

고객을 관계로 이어가는 방법:
커뮤니티, 채널

커뮤니티를 기반으로 수익화에 도전하는 분들이 많이 생기고 있습니다. 또 온라인 비즈니스의 마지막은 커뮤니티 모델이니 당장 만들어야 한다고 외치기도 합니다. 과거엔 포털 사이트 카페로 커뮤니티를 만들었다면, 최근엔 카카오톡 오픈채팅방으로 운영하는 경우가 많습니다. 특정 주제의 오픈채팅방을 만들고 사람을 모아 무료 정보를 제공하고, 꾸준히 유료 강의를 판매하는 서비스를 제공합니다.

저도 처음 블로그 강의를 시작했던 2019년부터 커뮤니티를 운영하고 있습니다. 처음부터 큰 그림을 그렸다기보다 수강생들과의 관계를 이어가기 위한 수단이었습니다. 수업이 끝난 후에도 수강생들이 편하게 물어볼 곳이 필요하다고 판단했고, 오픈채팅방의 수강생들끼리 시너지를 낼 부분이 있으면 좋겠다는 의도도 있었습니다. 오픈채팅방 참여 조건은 딱 하나입니다. 바로 해피스완이 온라인에서 주최했던 수업을 들었던 분 중 관계를 이어가고 싶은 사람입니다.

순식간에 참가 인원이 몇백 명씩 늘어나는 다른 커뮤니티를 보면서 '나도 그냥 무료 강의로 멤버 수를 확 늘려서 규모의 경제를 이루어볼까?'라는 유혹을 느꼈던 것도 사실입니다. 그렇지만 아직 제가 익명의 다수를 받을 준비가 되지 않은 점, 자신의 재능을 퍼주는 걸 좋아하는 구성원이 많이 포진해 있는 커뮤니티의 성격상 우리들의 밀도 있는 관계를 깰 수 없다는 마음이 커서 여전히 참여 조건에 제한을 두고 있습니다.

처음엔 수강생으로 만났지만, 커뮤니티라는 테두리 안에서 몇 년째 함께하니 이젠 서로의 동료를 넘어 팬이 되고 있습니다. 특히 저는 한 가지를 끈기 있게 오래 못하는 편인데 제가 꾸준히 성장할 수 있는 건 이 커뮤니티 덕분입니다. 모든 사람이 커뮤니티 리더가 될 필요는 없지만, 자신에게 끊임없이 자극을 줄 수 있는 커뮤니티 몇 개는 찾아서 활동하시길 추천합니다. 하나가 아닌 복수를 찾으라고 말하는 이유는 커뮤니티가 깨질 것을 대비해서입니다.

커뮤니티 안에서 멤버 간에 친분과 팬심이 생겨 수익모델이 생기는 사례도 많습니다. 그 안에서 자기 브랜딩을 잘하는 것도 역시 중요하겠지요? 제가 10여 년 전에 블로그를 하다가 지쳐서 떠났을 때 누구도 궁금해하는 사람이 없었습니다. 당시에 슬럼

수강생 커뮤니티의 2022년 송년회

프는 누구에게나 오는 것이니 다시 돌아오라고 조언해준 사람이 있었다면, 온라인 비즈니스 경험을 쭉 쌓았더라면, 지금보다는 더 성장하지 않았을까 하는 아쉬움이 남습니다.

고객과의 연결 수단은 포털의 카페, 오픈채팅방 그리고 카카오톡 채널이 대표적입니다. 카페나 오픈채팅방을 유지하려면 평상시에도 꾸준히 소통하며 관리해야 하기에 노력이 들어갑니다. 그런데 카카오톡 채널은 내가 필요할 때 광고 메시지를 발송할 수 있다는 장점이 있습니다.

제주도에서 감귤농장을 운영하는 하영담아 님은 카카오톡 채널 구독자가 1,400여 명입니다. 감귤농장을 체험한 고객들에게 카카오톡 채널을 소개하며 가입자를 조금씩 늘리고 있습니다. 그 뒤엔 판매 메시지를 보내는 방식으로 카카오톡 채널을 활용하고 있습니다.

제주 여행 중 방문한 감귤체험농장에 즐거운 기억이 있는데, 그곳에서 제철 상품을 판매한다고 카카오톡이 왔습니다. 평소엔 감귤농장을 잊고 살았지만, 그 메시지를 보면 자연스럽게 결제로 연결되지 않을까요?

하영담아에서 보낸 메시지

감귤농장에 비치되어 있는
카카오톡 채널 추가 미니 배너

너 무 쉬 운 길 은 한 번 더 의 심 해 보 자

온라인상에서 만나는 사람들은 대부분 각자의 삶을 열심히 사는 좋은 분들이지만, 종종 안 좋은 소식이 들리기도 한다. 고가의 유료 강의 & 코칭 결제를 유도한 후 수업을 차일피일 미룬다든지 개인 투자를 권유하는 사례도 있다. 혹은 일만 시키고 돈을 주지 않는 사례도 종종 있다. 누군가의 간절함을 돈벌이 수단으로 생각하는 것 같아 마음이 아프지만, 그런 일이 발생하지 않도록 스스로 조심해야 한다. 특히 수업이 커뮤니티로 연결되는 추세이다 보니 이런 친목 관계를 활용해 접근하는 경우가 많다.

나는 너무 쉽게 결과물을 만들 기회가 나에게까지 온다고 생각하지 않는다. 잘 통하는 사람이 나에게 급작스럽게 다가온다면 한 템포 속도를 조절하며 천천히 친해지는 것도 방법이다. 너무 잘 통한다는 것은 어쩌면 내 마음을 얻기 위해 일부러 내가 좋아하는 말과 행동을 하는 작업(?)일 수도 있기 때문이다.

또 비용을 받고 업무를 진행하는 경우엔 원하는 결과물과 일정, 금액을 명확하게 공유하고, 금액이 큰 경우에는 착수금을 받는 등의 안전장치를 해두는 것이 좋다.

정부의 창업 무료 교육 &
멘토링 활용 노하우

저는 '프로 배움러'라고 할 만큼 배우는 걸 좋아합니다. 불안한 미래를 대비하는 중이라는 자기 위안이기도 하고, 자격증을 취득하면 활용 여부를 떠나 마음이 든든해집니다. 저는 배움에 비용 지급을 아끼지 않았는데, 이런 교육들이 내가 겪을 시행착오를 줄여준다는 믿음이 있었기 때문입니다. 물론 제가 선택했던 강의가 모두 만족스러웠던 건 아니어서 마케팅에 속은 것 같은 기분이 들었던 때도 있습니다.

교육을 선택할 때는 자신만의 기준이 있으면 좋은데, 저는 두 가지 정도를 생각합니다. ① 이 과정을 통해서 난 무엇을 알고 싶은가? ② 들어간 비용은 언제쯤 수익이 되어 나에게 돌아올 수 있을까?

최근 퇴사와 창업 과정을 겪으면서 무료로도 질 좋은 교육을 받을 수 있는 기회가 많다는 걸 알고 사람들에게 전파 중입니다.

1) 공공기관에서 제공하는
무료(에 가까운) 교육

나의 관심사를 찾고자 한다면 다양하게 경험하고 내게 맞는지 확인하면 좋습니다. 먼저 거주지나 직장 주변에 있는 공공기관에서 운영하는 교육센터를 찾아보세요. 여러 가지 실무 교육도 많고, 자격증 취득 과정을 제공하는 경우도 있어 경력 개발에 도움이 됩니다.

여성이라면 여성능력개발원, 여성새로일하기센터, 여성발전센터 등의 교육센터가 있습니다. 운영 기관마다 이름은 조금씩 다르지만, 지역마다 존재합니다. 중장년층이라면 서울시에서 운영하는 50플러스센터를 찾아보세요. 만 40~65세를 우선순위로 선발하고, 센터 공식 홈페이지에서 매월 말에 선착순으로 교육 신청을 받습니다. 이외에도 일일이 적을 수 없을 정도로 많은 기관이 있으니 꼭 찾아보세요!

이런 교육들은 강사가 현장 강의를 진행하니 모르는 부분을 직접 물어볼 수 있는 것이 장점이고, 무엇보다 세금으로 운영되는 만큼 굉장히 저렴합니다.

2) 예비 창업자라면 창업지원센터

제가 퇴사하며 창업을 준비할 때 가장 당황스러웠던 부분은 제게 관련 지식이 너무 없다는 점이었습니다. 저는 매출 부서에서 오랫동안 근무했고, 강의 등 부업을 위해 개인사업자를 내며 사업자로 살았다고 생각했는데, 본격적인 창업 준비를 하다 보니 어떻게 해야 할지 막막함이 컸습니다.

저 같은 시행착오를 줄이고 싶다면 지역의 창업지원센터를 검색해보세요. 창업에 필요한 교육과 일대일 멘토링을 받을 기회도 있습니다. 사업자등록, 근로소득 여부와는 상관없이 받을 수 있는 혜택이 많으니 이런 센터들과 친해지면 좋습니다. 창업지원센터의 경우 지원자의 사업계획서를 기준으로 선발하는 경우가 많습니다. 수준이 높을 필요는 없고 후에 변경되도 상관 없으니 자기만의 사업모델을 대략적으로라도 정리해두면 좋습니다.

35세 미만이라면 서울청년센터(청년오랑)도 찾아보세요. 청년 창업을 위한 정보와 네트워크를 제공하니 잘 활용하면 도움이 됩니다. 만 35세 이상에게 혜택을 주기도 하는데, 센터에 문의하면 정확한 답변을 얻을 수 있습니다.

3) 유료 교육 및 맞춤형 멘토링

무료(에 가까운) 강의를 듣다 보면 부족한 느낌이 드는 순간이 옵니다. 심화 과정이나 내 상황에 맞는 맞춤형 강의를 듣고 싶다는 생각이 들 때가 있습니다. 유료 교육은 내 필요에 맞게 골라 들을 수 있고, 짧은 시간에 습득한다는 장점이 있습니다. 저는 강의료가 비싼 과정일수록 나에게 '필요한' 과정이 맞는지를 여러 번 생각해봅니다. 또 강사의 SNS를 보며 그 강사가 쌓아온 시간과 결과물이 내가 닮고 싶은 모습인지를 판단하고 결정합니다.

또 중요한 건 '들어간 비용은 언제쯤 수익이 되어 나에게 돌아올 수 있을까?'입니다. 사람마다 비싸다의 기준은 다르지만, 근거 없이 비싼 강의들이 많으니 잘 따져보셔야 합니다.

무료 특강이라는 미끼 상품에 주의

고급 정보를 무료로 제공한다는 특강들이 있다. 그 특강 자체는 무료이지만, 특강에 참여하고 보면 비싼 강의의 결제를 유도하는 때도 있다. 특히 빠르게 결제하면 할인율이 높다는 말로 유혹한다. 무조건 결제하기보다 한 박자 여유를 가지고 나에게 필요한지 판단해야 한다.

내가 낸 세금을
사업지원금으로 활용하는 방법

예비 창업자(사업자등록이 없는 경우)와 초기 창업자(사업마다 다르지만 보통 3년 이내 창업)라면 정부에서 지원하는 사업자금 지원에 도전하기를 추천합니다. 저는 퇴사를 앞두고 2023년에 정부지원사업에 여러 번 지원했습니다. 떨어질 때마다 수정해서 다음 사업에 지원하는 방식으로 도전하여 결국 지원금을 받는 데 성공했습니다. 보통 1, 2분기에 집중적으로 모집하기 때문에 사업 아이템이 있거나 사업 자금에 도움이 필요한 분이라면 중소벤처기업부에서 운영하는 K스타트업(https://www.k-startup.go.kr)을 모니터링하며 나에게 맞는 지원사업을 찾으면 됩니다.

정부 사업에 지원하려면 반드시 사업계획서가 있어야 합니다. 사업계획서 양식은 사업마다 별도로 제공되며 비즈니스 모델을 어떻게 키워나가겠다는 구체적인 계획을 담아야 합니다. 저는 사업계획서 쓰는 방법을 배우지 못해 제 생각대로 썼더니 어려움이 많았습니다. 제가 깨달은 사업계획서 노하우는 다음 챕터에 적어두었습니다.

제가 처음 도전했던 지원사업은 최대 1억 원을 지원하는 예비창업패키지였는데, 서류전형에서 광탈(빛의 속도로 탈락)했습니다. 사업 선정이 안 될 수 있다고 생각은 했지만, 1차 서류전형에서 탈락이라니…. 내가 어떤 부분을 놓쳤는지 알아야겠다는 오기가 생겨 당시 사업계획서 강의를 하던 강북창업지원센터의 '우리동네 창업스쿨'을 찾아가서 수강했는데, '진작 들었어야 했는데!'라는 아쉬움을 느꼈습니다.

제가 당시에 제출했던 사업 아이템은 '3355 여성들의 경제력 향상을 위한 교육 매칭 플랫폼'이었습니다. 플랫폼을 개발하고 다양한 콘텐츠를 제작해 잠재고객을 찾겠다는 아주 큰 그림을 제출했습니다. 개발자를 구하기 어려운 시장 상황을 고려할 때 대표인 제가 개발자도 아닐뿐더러 팀원이 확보된 상태도 아니니 실현 가능성이 거의 없는 사업으로 판단해서 탈락시킨 것이 당연한 결과라는 걸 수업을 듣고 나서 뒤늦게 깨닫게 되었습니다.

사업계획서 작성이나 예비 창업자를 위한 교육 프로그램은 많이 있습니다. K스타트업 홈페이지에 공지가 올라오니 관심 있는 분들은 미리 들어두시면 좋습니다. 그래야 저처럼 소 잃고 외양간 고치는 일을 막을 수 있으니까요. 창업 교육은 사업자등록증 및 근로소득 유무를 가리지 않습니다. 저는 창업지원센터에서 하는 프로그램이라 무료로 수강했지만, 종종 사업계획서를 대신 작성해주며 수백만 원의 컨설팅비를 요구하는 경우가 있습니다. 이는 불법으로 선정 이후라도 지원금이 환수될 수 있습니다.

강북창업지원센터에서 4주간 수업을 듣고, 운 좋게 심화 멘토링 대상자로 선정되었습니다. 전문가의 피드백을 사업계획서에 반영한 후에는 신사업창업사관학교, 콘텐츠진흥원 아이디어 융합팩토리, 공공기관의 공유오피스 입주에 순차적으로 합격하게 됩니다. 멘토링에 참여한 멘토가 직접적으로 아이디어를 제공하거나 문서를 작성해주지는 않습니다. 단지 생각의 방향을 잡아주는 것만으로도 저는 큰 도움을 받았습니다. 적고 보니 그만큼 사업지원금을 향한 제 열망이 컸다고 느껴지네요.

정부지원사업을 '눈먼 돈'이라고 표현하는 사람도 있습니다. 하지만 제가 경험해보니 일반의 인식만큼 편하게 지원금을 쓸 수 있진 않습니다. 지원금이라는 권리를 얻었으니 내가 해야 할 의무가 생기는 것이지요. 먼저 사업에 도움이 되는 집체교육과 개별 멘토링이 거의 매달 진행되고 가급적 참여해야 합니다. 또 지원금을 쓸 때마다 그걸 집행해야 하는 이유, 업체 선정, 결과물 제출 및 비용에 대한 증빙 서류 작업을 해야 합니다.

그럼에도 지원사업을 추천하는 이유

저는 기회가 된다면 꼭 지원사업에 참가하라고 말씀드립니다. 지원금을 받기에 경제적 도움도 되지만, 이외에 두 가지 정도의 이유로 추천합니다.

가장 큰 장점은 선정 기관에서 제가 하기로 했던 사업을 진행하도록 독려합니다. 그 일정에 맞추어 사업을 진행해야 하니 (그래야 지원금을 받으니) 제가 늘어질 틈이 없습니다. 저는 회사 홈페이지 제작, 영상 콘텐츠 제작, 와디즈 펀딩 등을 수행했습니다. 당장 눈앞에 급한 일들을 처리하느라 못 했을 것 같은 일들을 해내서 뿌듯합니다.

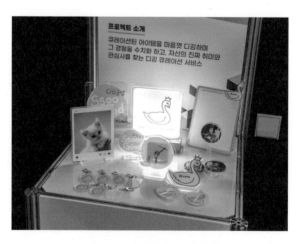

와디즈 펀딩을 위해 제작한 샘플이
마지막 자원사업 네트워킹 파티에 전시된 모습

그리고 또 하나는 선정되는 것 자체가 '누군가로부터 내 사업 아이템을 인정받은 자부심'을 준다는 겁니다. '합격'이라는 문자를 받았을 때의 기쁨은 경험해본 사람만이 알 겁니다. 이런 선정 과정을 SNS에 기록하는 자체로 내 브랜드의 신뢰에 도움이 됩니다. 이러한 기쁨을 여러분도 꼭 느껴보시길 바랍니다.

- **K-스타트업** (https://www.k-startup.go.kr)

- **한국콘텐츠진흥원** (https://www.kocca.kr)

기업마당 Biz info

- **기업마당** (https://www.bizinfo.go.kr)

소상공인시장진흥공단

- **소상공인시장진흥공단**
  (https://www.semas.or.kr)

성공하는 사업계획서를 위한
최소한의 요건

정부지원사업에 선정되어 지원금을 받으면 당연히 내 사업을 진행하는 데 도움이 됩니다. 그런데 이런 지원사업을 신청하려면 꼭 필요한 것이 있는데 바로 '사업계획서'입니다. 저는 사업계획서 전문 컨설턴트는 아니지만 여러 번 떨어지고 합격한 경험, PT 발표와 면접에서 심사위원들의 질문, 실적 발표 등을 통해 알게 된 몇 가지 사업계획서 작성 팁을 나눠보겠습니다. 어렵다고 지레 겁먹고 포기하지 말고 나만의 사업계획서를 만들고 조금씩 업데이트하세요. 사업계획서는 한 번에 완벽할 수 없습니다.

사업계획서 양식은 지원사업 공지 사항에 첨부되어 있습니다. 항목은 거의 비슷하지만 양식이 달라 지원할 때마다 작성해야 합니다. 제출은 홈페이지에 업로드하거나 메일로 발송하니, 공지를 잘 읽고 안내대로 수행하면 됩니다.

지원공고

2023년 아이디어 융합팩토리 예비창업랩 창작자 모집

• 분류	: 일반	• 접수시작일	: 2023-03-02 00:00
• 접수마감일	: 2023-03-20 17:00	• 등록일	: 2023-02-22
• 조회	: 6508		

📄 1. 모집공고문_2023 아이디어 융합팩토리 예비창업랩.hwp
📄 2. 참가신청서_2023 아이디어 융합팩토리 예비창업랩.hwp
📎 3. 참가신청서_2022 아이디어 융합팩토리_ 별지서식_참여인력정보★.xlsx

지원사업 공고문 예시

내 사업은 어떤 가치가 있는가?

설마 자기소개서에 본인 소개만 한다거나 사업계획서에 사업계획만 쓰는 분은 안 계시겠죠? 자기소개서에 어느 지역에서 태어나서 어느 학교를 졸업했고… 이런 연대기만 쓴다면 지루해서 읽다 관심도가 떨어질 텐데, 사업계획서도 마찬가지입니다.

자기소개서와 사업계획서는 '나의 가치'를 어필해야 한다는 걸 기억하세요. 내 사업은 어떤 의미를 가지고 있는지를 언급하고, 초기 단계이지만 지원받는다면 확실하게 성장할 수 있다는 기대감을 주어야 합니다.

1) 비즈니스 모델을 정리하기

이 사업으로 어떻게 돈을 벌겠다는 명확한 사업모델을 정리해보세요. 사업체가 유지되려면 당연히 매출이 계속 발생해야 합니다. 해당 사업 분야를 잘 모르는 사람이 보더라도 이해할 수 있도록 단순하고 분명해야 합니다. 비즈니스 모델은 사업계획서뿐 아니라 지인을 만날 때도 "사업한다던데 수익모델이 뭐야? 돈은 어떻게 벌어?"라는 질문을 자주 받게 되니 미리 준비해두면 좋습니다.

2) 최대한 숫자, 도표로 표현하기

두루뭉술하게 줄글로 표현하기보다 한눈에 보이도록 숫자로 표현해야 신뢰감이 느껴지고 사업계획서의 가독성에도 도움이 됩니다.

저는 2019년부터 다양한 자기계발 프로그램을 운영해오고 있습니다. (×)
→ 2019년부터 2023년 3월 현재까지 총 87회 개최, 약 2,800명이 참여했습니다. 상세한 프로그램명은 다음과 같습니다. (○)

구분	개최 횟수	참여자 수(중복 포함)
정기/비정기 프로그램	13개 종류 총 62회	약 1,500명
단기 특강	총 25회 진행	약 1,300명
계	87회 진행	2,800여 명 추산

프로그램 및 특강 운영 현황 (2023년 3월 현재)

구분	내용	리더명	횟수(반)
마케팅 SNS	해피인친, 인스타그램 기초 프로그램	윤소영	15
마케팅 SNS	네이버 블로그 브랜딩 프로그램	윤소영	11
동기부여	새벽기상 프로그램 & ZOOM 새벽 도서관	문소영	7
마케팅 SNS	키네마스터 활용한 숏폼 콘텐츠 제작	허지영	5
동기부여	셀카테라피 – 셀카 찍으며 자존감 UP	조여정	5
마케팅 SNS	카카오톡 채널 마케팅	이화정	4
글쓰기	카카오 브런치 북 글쓰기	구은성	3
디지털 툴	스마트폰으로 감성 사진 찍기	박민정	3
고전	『도덕경』, 『명심보감』, 『그리스 로마 신화』 필사 & 낭독	박지숙	3
디지털 툴	노션 기초 & 홈페이지 만들기	이유미	2
디자인	프로필 & 하이라이트 캔바로 만들기	강민영	2
글쓰기	동시 쓰기 / 책 출간 프로젝트	김미희 김리하	2
영서 원서 읽기	영어 원서 읽기 인증	구은성	1

커뮤니티에서 진행한 프로그램 종류와 규모

사업 선정에서는 창업자의 경험이나 경력, 사업을 이어갈 의지, 차별성 등 다양한 요소를 평가하지만, 최소한 위 사항만이라도 반영해보세요.

사업계획서는 내 사업의 시작점입니다. 사업계획서가 있어야 나라에서 제공하는 혜택에 지원이라도 해볼 수 있고, 창업지원센터의 멘토링을 받으며 발전시켜 나갈 수 있습니다. 처음엔 버겁더라도 횟수가 거듭될수록 나아집니다. 저도 과거에 합격했던 사업계획서를 지금 다시 보니 부족한 부분이 많이 보입니다. 이미 사업이 궤도에 오른 분들도 사업계획서는 꾸준히 다듬는 것으로 알고 있습니다. 그러니 병아리 창업자인 우리도 열심히 항목을 채워가야겠죠?

어렵게 합격하고 실격당하는 사람들

발표 평가를 위해 Y시에 새벽 비행기를 타고 도착합니다. 후텁지근한 비가 종일 내려 한 손으로는 우산을 들고 혹시나 길을 잃을까 연신 스마트폰 길 찾기 앱을 보며 발표장에 도착합니다. 약 10분간 발표한 후, 다시 KTX를 타고 집으로 돌아옵니다. 잠깐의 발표를 위해 참 비효율적으로 비용과 시간을 지출했다는 생각이 들지만 괜찮습니다. 매년 예비 창업자를 발굴해 지원하는 신사업창업사관학교에 한발 가까워졌으니까요.

며칠 뒤 예비 합격자 명단에 제 이름이 있는 것을 확인했고, 그 뒤에 추가 합격 문자메시지와 메일을 받고 '꿈은 이루어진다'며 기뻤습니다. 이렇게 정부지원사업에 합격하는 것도 귀한 경험이지만, 저에겐 더욱 특별한 경험 하나가 있습니다. 바로 합격한 후 실격을 당해 다음 순위의 합격자에게 저의 혜택을 넘겨준 뼈아

픈 경험입니다.

> **[신사업창업사관학교 추가합격 안내]**
> [Web발신]
> 안녕하세요
> ██ 경제진흥원 입니다.
> 신사업창업사관학교 담당자 입니다.
>
> 사업 추가 합격 관련 안내 메일을
> 보냈으니, 확인하시고 6.7.(수), 18:00
> 까지 처리 부탁드립니다.
> 감사합니다.

　순전히 사업공고문을 숙지하지 못한 저의 실수입니다. 합격자 발표 후 계약 체결 때까지 사업자등록증 신청을 하면 안 되는데, 저는 그 잠깐 사이에 사업자를 신청했던 겁니다. 자격 미달로 실격당하는 사람이 가끔 있다고 들었는데, 내가 그런 사람일 줄이야!

　저 같은 실수를 하지 않고 좋은 결과를 얻으려면 몇 가지를 유의해야 합니다.

지난해 사업들 살펴보기

　지원사업이 공지되면 2, 3주 안에 지원 서류를 제출해야 합니다. 아무리 준비된 사업자라도 짧은 기간 내에 작업하기 벅찰

수 있으니 지난해의 사업 공지를 살펴보세요. 일반적으로 지난 연도와 비슷한 사업이 진행될 확률이 높습니다. 지난해 평가 기준과 사업계획서 항목을 숙지하여 미리 작성하고, 이후 부족한 점을 채워가면 좋습니다.

사업공고문 꼼꼼하게 여러 번 읽기

저 같은 기초적인 실수를 하지 않기 위해선 사업공고문을 잘 읽어야 합니다. 심사 기준, 지원 자격, 가점 사항 등이 공고문에 모두 나와 있습니다. 눈으로 읽지 마시고 출력해서 밑줄 그어가며 집중해서 읽어주세요. 가산점 항목 중 내가 할 수 있는 부분은 미리 준비해두면 큰 도움이 되겠지요?

헷갈리는 부분은 사무국에 문의하자

이해가 안 되거나 잘 모르겠는 부분은 이메일 혹은 유선으로 문의하면 담당자가 친절하게 답변해줍니다. 그리고 나의 사업계획서를 보여주거나 피드백을 받고 싶다면 지인보다는 (비용이 조금 발생하더라도) 친하지 않은 전문가에게 문의하는 편이 좋습니다. 친한 사람에게 보여주면 발전적인 수정 사항보다는 잘

어렵게 합격하고 실격당하는 사람들

될 거라는 응원만 받기 십상이기 때문입니다. 입장을 바꿔서 생각해보면 저도 지인에게는 응원만 잔뜩 할 것 같습니다.

함부로 사업자등록증을 내면 안 되는 이유

쇼핑몰을 하겠다고 결심한 날 사업자를 신청하는 것처럼 사업 의지를 사업자등록증 신청으로 보여주는 경우가 있다. 사업을 할 때 사업자등록증은 필수이지만 구체적인 수익이 없는 초기 단계에 사업자등록을 신청할 필요는 없다. 이때 비정기적으로 발생하는 소득은 개인 사업소득, 기타소득으로 처리하여 납세 신고를 하면 된다.

사업자를 함부로 내지 말라고 하는 이유는 사업자가 있으면 예비창업패키지, 신사업창업사관학교 같은 예비 창업자를 위한 정부지원사업에 지원할 수 없기 때문이다. 또 첫 번째 창업이거나 경력 단절 기간이 길었을 경우 가산점을 주는 일도 있으니, 구체적으로 사업모델을 만들고 정기적으로 수익이 발생할 것 같은 시점에 사업자등록증을 신청하기를 추천한다. 사업자등록은 홈택스(https://www.hometax.go.kr)를 통해 신청할 수 있다.

직접 도전했던
온라인 파이프라인

약 5년간 온라인 세상에서 수익화를 추구하며 경험해본 파이프라인을 공유합니다. 이 중에는 돈을 많이 벌었던 아이템도 있고, 잠깐 하고 말았던 경험도 섞여 있습니다. 저는 잘되지 않은 아이템이지만, 본업으로 만들어 수익화에 크게 성공하는 분들도 계시고요. 또 제가 마케터 출신이기에 가능했던 특수한 일도 있고 누구든 결심만 한다면 시도할 수 있는 일도 있습니다. 사람마다 개성이 다르기에 각자의 수익모델은 다릅니다. 저의 파이프라인 사례를 개인 아이템을 찾는 아이디어 창구로 활용해보면 좋겠습니다.

온라인 프로그램 운영

책 앞부분에서 이야기했던 대로 자기의 분야 중 다른 사람에게 알려줄 수 있는 부분을 찾아보세요. 1회 특강, 기간을 정해서 알려주는 프로그램 방식이 있으니 각자 아이템에 맞게 구성해서 제공하면 됩니다. 저는 블로그와 인스타그램을 알려주는 프로그램을 주기적으로 운영하고 있습니다.

기관 & 외부 강의

보통 강사라고 불립니다. 공공기관이나 다른 리더들이 운영하는 커뮤니티에 강연자로 참여하는 경우입니다. 강연 섭외는 SNS를 통해 개별 연락이 오기도 하고, 지인을 통해 요청을 받기도 합니다. 또 기관 홈페이지를 통해 강사를 공개채용 하는 경우도 있는데 이때는 이력서와 강의제안서를 제출하고, 심사를 받는 프로세스를 거칩니다.

강의 기획 후 주최하기

강의를 기획한 후 강사를 섭외해서 강의를 운영합니다. 저는 홍보 및 운영을 담당하고 강사가 강의를 잘할 수 있도록 돕습니다. 이때 수입은 강사와 일정 비율로 나눕니다. 아이디어가 좋은 분이라면 다양한 기획을 해볼 수 있겠죠?

일대일 코칭

개인 맞춤형 솔루션을 도출하고 싶거나 강의 일정이 맞지 않을 때 진행하는 경우가 많습니다. 또 고객 스스로 배우는 속도가 느리다고 판단하면 코칭을 요청하기도 합니다. 일반적으로 프리랜서 마켓인 크몽, 숨고, 네이버 엑스퍼트를 통해 의뢰가 들어옵니다. 일대일 코칭은 가격대가 있기에 이미 경험해본 사람들의 추천으로 유입되는 경우도 많습니다.

콘텐츠 외주 제작

1인 사업가, 브랜드의 블로그와 인스타그램 운영을 대행하는 업무입니다. 사업을 진행하느라 바쁜 분들의 콘텐츠를 기획하고 제작하는 업무로 한번 계약하면 장기적으로 유지되는 경우가 많습니다. SNS 운영의 중요성을 알지만 여러 가지 이유로 직접 운영이 어려운 분들이 요청을 합니다. 저는 인테리어 스타트업의 콘텐츠 기획/제작을 총괄하는 업무를 진행했습니다. 이후엔 중소 브랜드의 콘텐츠 기획과 마케팅 업무를 대행하고 있습니다.

종이책 인세

저는 2020년에 종이책을 출간했고 계약된 인세가 정기적으로 입금됩니다. 금액이 많진 않지만 잊을 만하면 입금되어 기쁨을 줍니다. 특히 종이책 출간은 직접 투고하고 상당한 양의 원고(A4 100장 내외)를 작성하는 쉽지 않은 과정이 있었기에 그 열매가 더 달콤한 것 같습니다.

크몽 전자책(PDF) 판매

제가 진행하던 강의 교안을 PDF 전자책으로 제작하고 크 몽에서 판매하며 수익을 만들었습니다. A4 30장 정도의 분량으로 자신의 전문 분야의 노하우를 작성해서 크몽에 등록한 후 승인을 받으면 판매할 수 있습니다. 전자책을 만들고 나면 강의 의뢰를 받기도 하고, 코칭으로 연결한 상품을 런칭하기도 합니다. 최근엔 판매 목적이 아닌 개인 SNS, 커뮤니티로 유입을 위해 무료로 전자책을 배포하기도 합니다.

블로그 VOD 강의

클래스101, 클래스유와 같은 VOD 녹화 강의 플랫폼에서 강의를 판매하기도 합니다. 저는 마케터를 위한 마케팅 플랫폼 모비데이즈에서 블로그 마케팅 강의를 녹화하고 판매분에 대한 수익배분을 받았습니다.

매체 기고 콘텐츠 원고

정해진 주제의 콘텐츠를 작성하고 원고비를 받는 형태입니다. 정해진 금액이나, 내 콘텐츠가 판매되면 계약된 비율의 수익을 받습니다. 제가 유료 구독하던 퍼블리 서비스에 저자 지원 후 선정되었는데, 평소 좋아하는 매체로부터 원고비가 입금되면 굉장히 짜릿한 기분을 느낄 수 있습니다. 동경하는 매체에서 저자 모집을 한다면 적극적으로 지원해보세요.

공동구매

제품을 판매하고 정해진 수수료를 받는 판매 방식입니다. 몇 번 판매하면 공급 업체에서 인스타그램 DM이나 블로그 쪽지와 댓글로 제안이 오기도 합니다. 본인 계정의 콘셉트와 어울리는 아이템 중에서 미리 써봤더니 좋았던 제품을 판매하면 좋습니다. 특히 인스타그램은 어느 정도 팬층이 생기면 공동구매를 하며 n 백만 원의 수익을 올리는 분들이 많습니다.

펀딩 플랫폼 판매

아크릴 굿즈 업체와 협업하여 와디즈에서 판매를 진행했습니다. 펀딩 제품의 경쟁력을 위해 단가를 낮게 설정하고 콘텐츠 제작비, 와디즈 플랫폼 수수료를 제하면 정작 내 손에 쥐는 마진이 많진 않습니다. 최근엔 원가가 거의 없는 전자책 판매를 펀딩 플랫폼에서 많이 하기도 합니다. 목표 금액보다 많이 판매되어 달성률이 높은 프로젝트는 펀딩 종료 후 개인 브랜딩이나 마케팅에 활용하는 사례가 많습니다. (예: 사전 펀딩에서 목표 금액 3,000% 달성!)

체험단

SNS를 시작하면 가장 먼저 접해보는 수익화가 아닐까 생각합니다. 제품이나 서비스를 제공받고 이에 대한 후기를 SNS에 올려줍니다. 체험단은 무분별하게 수락하기보다 본인에게 필요

한 것으로 취사선택하면 좋습니다. 체험단 정보 제공 서비스로는
레뷰, 리뷰노트, 디너의 여왕 등이 있습니다. 병원 관련 체험단은
의료법 제약이 있어 추천하지 않습니다.

기자단 원고비

소정의 원고비를 받고 내 SNS에 사진과 글을 올려줍니다.
혹은 주제만 받고 자율적으로 글을 쓰기도 합니다. 기자단은 믿
을 수 있는 업체(사람)와 진행하셔야 합니다. 중복되는 원고와 이
미지로 자주 포스팅할 경우 내 블로그가 검색되지 않는 일이 생
길 수 있기 때문입니다.

쿠팡 파트너스

공유한 쿠팡 링크로 누군가 제품을 구매하면 수
수료를 받습니다. SNS에 링크를 걸어 사람들의 유입
을 유도하는데 네이버 블로그는 쿠팡 링크 공유가 있
는 포스팅은 검색되지 않는 경우가 많아 최근엔 인스
타그램이나 유튜브를 활용하고 있습니다. 쿠팡 파트
너스에 가입한 뒤부터 활용할 수 있습니다.

쿠팡 파트너스

구글 애드센스

구글 애드센스, 네이버 애드포스트

방문자가 유튜브, 네이버 블로그에 노출되는 키
워드광고를 클릭하면 계정 주인에게 얼마씩 입금됩니

네이버 애드포스트

다. 네이버 블로그의 애드포스트는 '치킨값 번다'고 표현할 정도로 금액 자체는 크지 않습니다.

기관 SNS 기자단

정부기관, 지자체, 도서관, 일반 기업 등 다양한 곳에서 SNS 콘텐츠를 제작하는 기자단(서포터즈)를 모집합니다. 포스팅을 한 후 채택되면 소정의 원고비를 제공하는 방식으로 운영되는 게 일반적입니다. 원고비도 반갑지만 서포터즈를 위한 혜택과 이벤트들이 있어 즐겁게 SNS 활동을 할 수 있습니다.

파이프라인이 많다고 좋은 건 아닙니다. 저는 호기심이 많고 다양한 온라인 수익화를 경험해서 사람들에게 알려주고 싶어 더 많은 도전을 해본 경우입니다. 여러 가지를 경험해보고 나에게 맞는 수익 아이템을 찾아가면 좋습니다. 이때 가장 중요한 건 SNS로 내 브랜드를 단단하게 키워두어야 온라인으로 장기적인 수익화를 할 수 있다는 점입니다.

필자는 해보지 않은 몇 가지 아이템을 추가로 소개한다.

- 광고/협찬
- 독서 모임과 같은 유료 모임 주최
- 콘텐츠를 유료 판매하는 멤버십 구독 서비스
- 독서나 운동 등을 매일 실천하고 인증하도록 돕는 챌린지 프로그램
- (금손이라면) 이모티콘과 템플릿을 만들어 제공하고 판매

4장

내 브랜드를 위한 마인드업

내 브랜드 만들면서 다짐할
세 가지

종종 SNS에서 매력적인 콘텐츠로 등장했다가 소리 소문도 없이 사라지는 경우를 목격합니다. A는 SNS를 통해 디지털드로잉, 필사 클래스를 운영하는 인지도가 꽤 높은 사람이었습니다. 하지만 A는 현재 아무것도 하지 않습니다. 종종 A를 궁금해하는 사람들이 있지만, 그의 SNS는 여전히 멈춰 있습니다.

온라인 세상은 시작하기도 쉽고, 그만두기도 쉽습니다. 저역시 10년도 더 전에 해외 쇼핑 정보와 제품 리뷰를 주제로 네이버 블로그를 운영하였으나 회사 일이 바빠지면서 이를 핑계로 그만두었습니다. 나름 상위노출이 되던 블로거였음에도 블로그를 발판으로 확장하지 못했고, 지속할 이유를 스스로 찾지 못했었습니다. 그런데 2019년에 다시 시작한 블로그는 지금까지도 꾸준히 운영하고 있습니다. 그때와 지금의 다른 점은 무엇일까요?

저 역시 사라졌다가 다시 나타난 사람으로서, A처럼 사람이 사라지는 모습을 보면서 다음과 같은 생각이 들었습니다.

1) 비교의 늪에 빠지지 말자

SNS는 누군가의 인생의 하이라이트를 보여주는 곳입니다. 자신이 보여주고 싶은 모습을 노출하며 운영하는 플랫폼이라는 걸 잊지 마세요. 이런 걸 잘 아는 저도 다른 사람들의 게시물을 보다 보면 나도 모르게 스스로 작아지는 경험을 합니다. 사람들에게 많은 사랑을 받으며 돈도 잘 버는 사람을 보고 있자면 '나는 지금 뭘 하는 거야?' 같은 못난 질문도 하게 됩니다. 이럴 때는 고개를 흔들며 나에게 스스로 얘기하세요.

"나보다 먼저 시작한 사람이 잘하는 건 당연하다."
"내가 부러운 저 모습은 나의 6개월 뒤 모습이다."
"나는 지금 충분히 잘하고 있고 분명 나아지고 있다."
"누군가는 나를 보고 부러워하고 있을 거다."
"SNS에 보이는 모습이 좋아 보이는 건 당연하다."

2) 배움에도 방향이 필요하다

내 브랜드의 여정을 계속하다 보면 자꾸 배우고 싶어집니다. 무언가를 하다 보면 부족한 것이 많아 계속 배우는 겁니다. 어느 날은 온라인 쇼핑몰 잘하는 방법을 배우고, 어느 때는 표현력이 부족한 것 같아 글쓰기를 배우고, 뜬금없이 그림 그리는 방법을 배웁니다. 배웠던 것을 '혹시 저 사람에게 배우면 뭐가 다를까'라는 기대감으로 다시 배우기도 합니다. 부족함을 채워가는 것은 좋습니다만, 배움에도 방향이 있어야 합니다.

구독자가 많은 크리에이터가 되고 싶은지, 물건을 많이 파는 셀러가 되고 싶은지, 아니면 출강을 많이 나가는 강사가 되고 싶은지를 정하고 부족한 부분을 메우는 방식으로 배우는 것이 효율적입니다. 무언가를 배우는 데는 시간, 에너지, 비용이 필요합니다. 여러분의 귀한 자원을 낭비하고 있는 건 아닌지 체크해보세요. 방향성 없이 배우기만 하면 지칠 수 있습니다. 수업을 따라가지 못한다고 아쉬워하다 보면 제자리만 빙빙 돌다 자존감이 떨어지기 마련입니다.

3) 꾸준함은 최고의 브랜딩

슈스 님은 요리를 좋아합니다. 요리하는 데서 멈추지 않고, 음식 사진을 찍어 인스타그램에 1년 넘게 올리고 있습니다. 1년을 꾸준히 했더니 음식 사진을 잘 찍는 노하우가 생겼습니다. 이제는 '인스타 특유의 감성을 지닌 사람, 특히 음식 사진 잘 찍는 사람 = 슈스 님'이라고 사람들이 인정해줍니다. 덕분에 사진 클래스를 진행하기도 하고, 식품업체에서 사진 촬영을 요청받고 있습니다.

거창하지 않아도 새벽 기상, 물건 안 사기, 집밥 만들기, 이모티콘 그리기 등등. 꾸준히 무언가를 매일 한다면 그 실력은 당연히 올라갑니다. 그리고 어느 순간 사람들이 여러분을 전문가로 인식하게 될 겁니다. 그리고 그 꾸준함에 존경을 표현할 겁니다.

나만의 이유를 찾으면 지속할 수 있다

스스로 브랜드가 되려는 이유는 무엇인가요? 저마다 조금씩 다를 순 있지만 대부분 지금보다 더 영향력을 가지고 싶어서, 수익을 창출하고 싶어서이지 않을까 짐작합니다. 브랜드가 되는 가장 확실한 방법은 앞서 이야기한 것처럼 꾸준히 하는 것입니다. 저와 비슷한 시점에 시작했던 분들을 보고 있으면 각자의 속도와 방향으로 수익화하며 성장하고 있음을 확인할 수 있습니다. 이들의 공통점은 더딜지언정 포기하지 않고, 꾸준히 내 브랜드를 위해 노력하고 있다는 점입니다.

꾸준히 하는 데 있어 '내가 왜 이걸 하고 있는가(Why)?'는 중요합니다. 물론 빠르게 성공하는 노하우를 아는 것도 중요하지만, 그 못지않게 나만의 'Why'를 찾아야 합니다. 내가 이걸 왜 하고 있는지를 알면 어떻게든 방법을 찾을 수 있고 지속할 수 있습니다. 영향력을 확장하고, 돈을 버는 데는 다양한 방법이 있습니다. 많은 방법 중에서 '내가 지금 선택한 주제와 방법으로 하려는 이유가 뭘까'라는 관점으로 생각을 전개해보세요.

꼬알여사 님은 실버 세대를 위한 컬러링북을 제작하는 50대 창업가입니다. 직장생활 경험이 없는 전업주부였기에 사업하는 과정이 낯설고 배워야 할 것이 많았습니다. 사업 자체도 힘든데 이것저것 배우며 병행하려니 다른 사업가들보다 몇 배 이상 힘들었을 겁니다. 이 쉽지 않은 과정을 왜 계속하고 있을까요? 색칠하는 걸 좋아하는 80대 친정 엄마를 위한 컬러링북을 만들고 싶기 때문입니다.

시중에 판매되는 컬러링북의 도안들이 주로 캐릭터 같은 어린이용이라 친정엄마 정서에 맞지 않고, 화려하게 구성된 성인용 컬러링북은 눈이 잘 보이지 않는 어르신들에게는 어렵다고 합니다. 그래서 어르신에게 맞는 어린이와 성인의 중간 수준의 컬러링북을 개발하고 판매 중입니다. 50대 중반의 늦깎이 창업가이지만 여전히 자신의 브랜드인 '수브레인'을 키우고 있습니다.

저는 빠르게 실행하고 결과를 만들고 싶은 사람이라 내가 이걸 왜 하는지를 외면했었습니다. 그런데 지속 가능하게 하려면 내 안에 분명한 Why가 있어야 함을 깨닫고, 평소에 이를 틈틈이 생각하며 찾으려 노력합니다. 이 과정은 훈련이 필요한 부분이라고 생각합니다. 이런 생각 전개에 서툴다면 근본적인 이유를 찾기 위한 '5Why 기법'을 추천합니다.

Why를 5번 정도 반복하면 진정한 이유를 찾을 수 있다는 방법론인데, '왜'라는 질문을 통해 생각을 더 깊게 확장할 수 있습니다. 방법은 꼬리에 꼬리를 무는 질문과 대답을 하는 것입니다. 내 대답에 'Why?'라는 질문을 하고, 다시 그 질문에 대답하는 방식입니다. 물론 사람에 따라서는 3번만에 끝나기도 하고, 7번 이상 필요하기도 합니다.

저는 20년 가까이 유지하던 직장을 지난해에 퇴사했습니다. 대학교를 졸업했을 때부터 회사를 쉬어본 적이 없었기에 퇴사를 결심하고 실행에 옮기기까지 3년이 걸렸습니다. 어렵게 마음먹고도 막상 떠나려니 매월 25일마다 받아왔던 월급이 아쉬웠고, 준비했던 정부지원사업에 불합격하며 불안감이 컸습니다. 왜 편안한 직장생활을 그만두는지 분명한 이유가 없었다면, 저는 또 다른 조직으로 들어갔을지도 모릅니다.

나의 퇴사를 예시로 본 5Why

매일 출퇴근할 때마다 회사 그만둬야 하나라는 생각만 든다.
(→ 왜?) 업무를 할 때 나의 성장이 멈춘 듯한 느낌이 지루하고, 운영 업무까지 관리팀에서 통제하는 프로세스를 견디기 힘들다.
(→ 왜 견디기가 힘들지?) 사이드잡을 할 때처럼 스스로 결정하고 해결하는 과정이 더 즐겁다. 그 일을 확장해보고 싶다.

(→ 그동안처럼 직장과 병행은 왜 어렵지?) 직장과 사이드잡을 병행하니 점점 체력이 떨어지고, 시간이 부족하다는 생각이 든다. 둘 중 하나를 선택한다면 사이드잡을 제대로 키우는 과정을 가지고 싶다.

(→ 그 과정을 왜 가지고 싶지?) 그 도전이 성공할지 실패할지 알 순 없지만, 이 과정에서 나는 몇 단계 성장할 거라는 확신이 있다.

(→ 그런 성장이 어떤 도움이 될까?) 안전한 울타리를 벗어나 경제적 자립을 이룬다면 비슷한 고민을 하는 사람들의 롤모델이 될 수 있다.

제가 퇴사할 때 결심이 흔들리지 않은 것은 5Why에서 마지막에 도출된 '성공과 실패를 떠나 이 경험을 통해 나는 성장한다는 것, 그리고 이 과정이 누군가의 롤모델이 될 수 있다'라는 결론 때문이었습니다. 이것은 결국 저의 퇴사 이유이자 지금 열심히 살고 있는 Why입니다. 이런 과정을 통해 지금의 불안감을 미래의 기대감으로 바꿀 수 있습니다. 그 기대감을 현실로 만들려면 무엇을 해야 할지도 생각할 수 있고요.

당장 무언가를 시작하는 데는 Why가 없어도 됩니다. 그러나 이게 없다면 우선순위의 다른 일이 생겨버리면 쉽게 포기하게 됩니다. 즉 꾸준히 할 수 없는 원인이 되죠. 그렇지만 Why가 아직 불분명하더라도 걱정하지 마세요. 흐릿하게라도 마음에 품고

나만의 이유를 찾으면 지속할 수 있다

있으면, 경험이 쌓일수록 선명해집니다. 그 방향이 조금 달라져도 괜찮습니다. Why는 어딘가에 공표하는 것이 아니라 내 마음속에 새겨두는 것이니까요. 천천히 여러분의 Why를 찾아가세요. 그래야 일관성 있게 지속할 수 있습니다.

내가 고여있다고 느껴질 때:
번아웃 극복하기

사람이 안정감을 느끼고 안주하게 되는 영역을 컴포트존 (Comfort Zone)이라고 합니다. 나의 안전지대이자 익숙하고 만족스러운 영역입니다. 그렇지만 스스로 뛰어넘어야 하는 구간이기도 합니다. 저는 직장생활의 불안감 해소를 위해 사이드잡을 시작하며 컴포트존에서 탈출했습니다. 직장에 안주하던 저에게는 아주 큰 변화였고, 미래에 대한 막연한 불안감이 해소되는 것 같아 다행스럽기도 했습니다.

그런데 얼마의 시간이 지나자 지금의 자리가 다시 컴포트존이 되고 넘어서야 할 영역이 되었습니다. 인생은 도전의 연속이라는 말은 이럴 때 쓰는 건가 싶습니다. 퀀텀점프(Quantum Jump)는 어떤 일이 연속적으로 조금씩 발전하는 것이 아니라 계단을 뛰어오르듯이 다음 단계로 올라가는 것을 말합니다. 다음 단계로 넘어가고 싶은데 돌파구가 보이질 않으면 번아웃을 만납니다. 누구에게나 오는 자연스러운 현상이니 걱정하지 마세요. 저 멀리에 있는 메가 인플루언서(Mega Influencer)에게도 다음 단계로의 도약을 고민하는 일은 당연할 겁니다. 제가 이런 시간을 극복하는 데 도움을 받았던 것 몇 가지를 공유합니다.

1) 나에 대한 이해도 높이기

저는 전 국민이 해봤을 MBTI 검사도 안 했던 사람입니다. 그런데 우연한 기회에 갤럽 강점 검사와 휴먼 컬러 기질 검사를 받으며 자신에 대한 객관적인 이해를 높였습니다. 최근엔 드디어 MBTI 검사도 받았고요. 스스로 자신을 탐구하며 길을 찾는 사람들도 분명히 있겠지만, 저에겐 이런 검사들이 도움이 됐습니다.

예를 들면 제 강점 중 하나는 '최상화'입니다. 결과물에 만족하지 못하고 계속 퀄리티를 높이기 위해 노력하고자 하는 것입니다. 분명히 장점이지만 이게 과하면 스스로 굉장한 스트레스를 받고, 관련된 생각을 하루 종일 계속하며 일의 진전이 없습니다. 계속 쥐고 있다가 마감을 넘기거나 마감 전에 부랴부랴 작업을 하기도 합니다. 이런 객관적인 결과는 '나는 왜 계속 미루다가 마음의 확신이 생겨야 움직일 수 있을까?'라며 자책하던 시간에 대한 해답을 제시해줍니다. 제 강점의 밝은 면과 어두운 면을 알게 된 다음부터는 '이건 내 강점의 어두운 면이야. 이제 바보처럼 생각은 그만하고 움직이자'라고 말하며, 나 자신을 이해하고 긍정적으로 개선하려고 합니다.

또 휴먼 컬러 기질 검사로는 내 타고난 성향과 흐름을 파악할 수 있습니다. 이렇게 바이오리듬에 따라 내 컨디션과 일 진행 상황을 판단하니 잘 안된다고 힘들어하기보다 지금의 흐름에서는 그럴 수도 있다고 이해하게 됩니다.

2) 하지 않던 것들에 도전해보기

번아웃 증상이 오면 하지 않았던 새로운 것들을 해보면 좋습니다. 내가 고여있다는 감정을 느끼는 이유는 지금 상황에 익숙하기 때문일 겁니다. 새로운 영역의 초보가 되어 어설픔이 익숙해지는 재미를 느껴보면 어떨까요? 저는 그즈음에 코치 자격증을 따기 위한 첫걸음을 떼고, 한국코치협회 인증코치인 KAC를 취득했습니다. 인증코치가 되려면 코칭아워(coaching hour)를 쌓아야 하는데, 여러 사람을 코칭하며 나 자신에 관해 생각해보는 시간을 가졌습니다. 저는 코칭 공부였지만, 그림을 그리거나 달리기를 해봐도 좋습니다. 각자 새로운 영역을 찾아보면 좋을 것 같습니다. 이렇게 시작된 것들이 또 나의 새로운 무기가 되어줄 수도 있으니까요.

힘든 시간이 와도 절대 하지 말아야 할 것은 멈추는 것입니다. 번아웃이 와서 무기력해도 꾸준히 내가 해야 할 것들을 이어가는 힘이 필요합니다. 그걸 이어가는 힘이 진짜 실력이 된다고 믿습니다. 회사를 생각해보면 아무리 지루해도 출근하고, 업무를 해야만 합니다. 온라인에서 내 브랜드를 쌓는 과정도 비슷합니다. 한번 흐름을 놓치면 다시 시작하는 데까지 오랜 시간이 걸릴 수 있으니 지금 잡고 있는 끈을 놓지 말아야 합니다.

> "저 이번 달에 천사백만 원 찍었어요, 언니한테 꼭 말해주고
> 싶었어요."
> "대표님, 지난달에 최대 개인 실적 달성했어요."
> "스완 님, 이젠 A 말고 B 방향으로 집중해서 키워보려고요."

　　제게 코칭 받은 사람들을 만날 때마다 종종 듣는 수익 인증
입니다. 이런 말은 들어도 들어도 질리지 않습니다. 질투 나지 않
냐고요? 전혀요. 노력해서 결과물을 만들어가는 과정을 지켜보
는 것도 감동이고, 본인이 노력해서 만든 성과인데 저를 떠올리고
고맙다고 말해줘서 감사합니다.
　　누군가는 "어쩌다 한 번 한 거로 유난이네"라고 말할 수도

있지만, 이 경험을 한 번이라도 해봤냐 아니냐에는 결정적인 차이가 있습니다. 바로 자신감입니다. 한두 번 이런 매출을 달성하면 '다음에는 어떻게 하면 되겠다'라는 자신만의 노하우가 생깁니다.

이들도 시작할 때는 불확실했고 지금 자리에 오기까지 많은 시간과 시행착오가 필요했습니다. 지금의 모습이 완성형이 아니니 다음엔 또 뭘 해야 할지 고민하기도 합니다. 그런데 작은 성공의 경험이 이어지니 자신감이 생기고 실패를 두려워하지 않습니다. 성공할지 실패할지는 아무도 모릅니다. 혹 실패한다면 얼른 수습하고 다른 걸 하면 되고요.

"해피스완은 잘하는 게 뭐지?"
"이번에 온라인 마케팅 대행을 주려는데 어디가 잘하지?"
"많은 콘텐츠 제작사 중에서 스완컴퍼니위드의 차별점은 뭐지?"

브랜딩은 깊고 오묘한 분야이지만, 결국 이 질문에 답을 찾아가는 여정입니다. 사람들은 내 브랜드명(닉네임)을 들었을 때 무엇이 연관되어 떠오를까? 어떤 분야를 생각했을 때 내 브랜드를 생각하며 추천한다고 말해주는 사람은 얼마나 될까? 이 질문에 답을 찾아가며 나의 추천인을 만들어가는 시간이 브랜드가 되어가는 과정입니다.

우리는 각자의 삶을 충실히 살고 있기에 우리는 모두 이미 브랜드입니다. 그런데 이 브랜드가 어떤 영향력을 가지고 있는가는 다른 문제입니다. 특히 요즘은 온라인으로 영향력이 확산하고 사람들이 연결되고 있습니다. 모두가 절친일 순 없지만 '느슨한 연대'로 커넥트 되고 있습니다. 반드시 나에게 맞는 콘텐츠를 찾아 그 영향력을 만들어가야 하는 이유입니다. 이런 연대감이 있기에 방콕에 거주하는 대표님의 제품을 응원하고, 경상도 농부님의 로고를 제작하는 기회가 옵니다. 아직 늦지 않았으니 꼭 이 영향력을 만들어가는 시작인 SNS를 하시길 바랍니다. 많이도 말고 그냥 딱 하루 한 시간만 투자해주세요.

책 제목을 지을 때 '정말 하루 한 시간으로 나를 브랜딩할 수 있을까'라고 고민했습니다. 저만 해도 그 몇 배의 시간을 온라인 속에서 헤매면서 작업을 하고 있으니까요. 그 고민의 결론은 하루 한 시간으로 '나의 일'을 위한 준비가 가능하다는 것입니다. 수면 시간을 줄이든지 자투리 시간을 모으는 방식으로 하루 한 시간을 만들어 도전한다면, 충분히 각자의 브랜드를 만들 수 있습니다. 그 한 시간의 투자를 시작하면 내 계정이 커가는 것이 신기하기도 하고, 통장에 입금되는 숫자에 신나서 더 많은 시간을 몰입하며 성장할 테니까요!

제가 대단하다고 생각하는 수강생은 배우는 즐거움에서 끝나는 것이 아닌 작더라도 결과물을 만들어가는 분들입니다. 이런 결과물을 만들려면 중요한 부분이 실행력입니다. '시도'가 없으면 '결과'가 나타날 수 없습니다. 저는 최근 대학교 교수로 임용되었습니다. 저는 해외 유학파가 아닐뿐더러 몇십만의 유튜버만큼 영향력이 없으니 가능성이 낮다는 걸 알고 지원했기에 합격 문자를 받았을 땐 현실감이 없었습니다. 가능성이 작다는 이유로 바라만 봤다면 스무 살 때부터 꿈꿔왔던 강단에 설 기회가 없었을 겁니다. 그러니 저는 여러분도 꼭 시도하면 좋겠습니다. 더 잘하는 사람이 많은데? 안되면 어떡하지? 오히려 망신만 당하는 거 아닌가? 나의 의지를 꺾는 이런 마음의 소리는 내려놓고, 내가 할 수 있는 것부터 차근차근 도전하시길 바랍니다.

눈덩이 효과(Snowball Effect)는 소소한 출발이 과정을 반복하며 점점 큰 결과로 이어지는 현상을 이야기합니다. 영향력이든 매출이든 처음엔 작지만 누적될수록 적은 노력으로도 크게 만들 수 있다는 의미이기도 합니다. 브랜드를 키우는 것 역시 눈덩이를 굴리는 과정과 같습니다. 처음엔 손에 쥘 수도 없는 눈가루지만, 뭉치고 굴리다 보면 어느 순간 눈덩이가 점점 커집니다. 귀찮음과 의심을 내려놓고 처음 도전하는 한 시간을 투자해 보세요.

하루 한 시간,
나는 나를 브랜딩한다

윤소영 저자는 2019년부터 '콘텐츠 마케팅'과 '온라인 수익화 코칭' 강연을 이어오며, 1,000명이 넘는 수강생을 배출하였습니다. 많은 분이 이 책이 나오기를 오랫동안 기다려 왔습니다. 아래는 함께 성장하는 분들이 보내주신 출간 기대평입니다.

이 책 한 권이면, 내 브랜드를 수익으로 연결하는 콘텐츠 마케팅에 대한 막연함이 사라질 것입니다. 윤소영 작가의 코칭을 통해 브랜드를 성공적으로 만들고 수익을 창출한 사례를 수도 없이 많이 접해왔습니다. 타인의 브랜딩을 돕던 콘텐츠 마케터가 일반인도 셀프 브랜딩을 구축하길 바라는 마음을 더없이 쉽고 친절하게 이 책에 담았습니다. 100세 시대에 남이 나를 고용해주기만을 바랄 것이 아니라, 이 책을 통해 수익 파이프라인을 늘려가는 즐거움을 누리길 바랍니다.

— 뮤직멘토 김연수 | 인스타그램 @miracle_bedtime

온라인에서 돈을 벌고 싶다고 생각하는 사람이라면 필독서로 읽어보시길 추천합니다. 누군가는 온라인에서 쇼핑하고 소비하지만, 해피스완과 함께한 사람은 온라인에서 돈을 법니다.

— 진심으로클레오 안지희 | 블로그 blog.naver.com/cleoahn

갈 길을 헤매고 있는 분들에게 새로운 길을 보여줄 책입니다. 인생의 중 후반을 새롭게 보내고 싶은 분들에게 추천드립니다.

— 인사이드대치 | 인스타그램 @inside_daechi

해피스완 커뮤니티의 영재 발굴단이라 불릴 정도로 퍼스널 브랜드 콘텐츠를 족집게처럼 뽑아내는 사람. 무심한 듯 던지는 말에 애정과 인사이트가 넘쳐서 그녀와의 대화는 늘 즐겁다. 사업 초창기 방향을 못 잡을 때 맞춤형 마케팅으로 온라인에 쉽게 자리 잡을 수 있게 도와준 그녀가 이번에는 누군가의 길을 무심히 터줄지 기대되는 책.

— 쑤굿샵운영자 이유미 | 블로그 blog.naver.com/youme7802
　　스마트스토어 smartstore.naver.com/ssoogood

힘든 시기를 보낼 때 나를 일으켜 세운 분, 해피스완 님의 새 책 소식에 빨리 읽고 싶은 제 마음이 두근거려요. 이 책을 통해 많은 사람이 저처럼 자신의 날개를 펼칠 수 있을 거라 믿습니다. 자아! 우리 함께 날아볼까요.

— 북촌홍반장 | 인스타그램 @bukchontak9

스스로를 평범한 나사였다고 고백하던 한 평범한 직장인이 사이드잡을 시작한 후, 어떤 변화가 생겼을까? '사소한 시도'로부터 이어진 그녀의 다양한 온라인 프로젝트는 월급만큼 부수입을 만들어주었고, 자기다움을 찾은 '퇴사' 그리고 창업으로 이어지게 했습니다. 이제는 어엿한 한 회사의 대표로, 말과 글과 삶이 일치하는 모습을 보여준 해피스완 윤소영 작가. 오늘도 퇴사를 꿈꾸는 이들을 위해 태생적 오지라퍼인 그녀만의 친절한 가이드가 될 새 책, 너무 기대됩니다.

— 엄마백신 김선희 | 인스타그램 @yuji_kimsunny

너도나도 개인 브랜드를 외치는 시대. 하지만 진짜 퍼스널 브랜딩이란 무엇이고 또 왜 필요하며 어떻게 만들어가야 하는지 모호하기만 합니다. 이 책은 이런 분들께 이론부터 실전까지 브랜드 구축에 꼭 필요한 기본 틀을 알려줄 거로 생각합니다. 개인 브랜드 구축부터 수익화까지! 오랜 콘텐츠 마케터 경력을 가진 해피스완 님의 신간 기대됩니다.

— 릴리제이 | 블로그 blog.naver.com/lilyj1209

영재 발굴단이라는 닉네임을 가지고 계신 해피스완 님을 처음 SNS를 시작할 때 만난 것은 정말 행운이었습니다. 스완 님의 첫 번째 책을 통해 저를 포함한 많은 분이 용기를 내어 SNS를 시작한 것처럼, 인사이트가 남다른 스완님의 두 번째 책으로 더 많은 분이 브랜딩에 성공하리라 기대합니다.

— 쏘맘 | 인스타그램 @soyune_somom

자신만의 이야기와 콘텐츠를 찾고 싶은 분, SNS를 똑똑하게 활용해서 자신만의 콘텐츠를 세상에 알리고 싶은 분, 나아가 수익화까지 이루고 싶은 분들이 읽으면 좋을 책입니다!

— 마인드카소 | 블로그 blog.naver.com/frissday

해피인친을 만나서 인스타그램 릴스 강의도 진행할 수 있었습니다. 서울시 50플러스재단에서 인스타그램 릴스 강의를 진행하면서 서울시에서 예산을 받아 숏폼으로 강의 사업을 진행하게 되었습니다. 윤소영 작가님께서 작은 시작을 응원해주신 덕분에 시작할 수 있었습니다.

— 아이엠 콘텐츠 협동조합대표 허지영 | 블로그 log.naver.com/reels_jiyoung

성장하고 싶은 그녀들, 시작이 어려운 그녀들에게 시작이 반임을 증명하는 책!

— 릴리맘 한혜진 | 블로그 blog.naver.com/citron10

사업을 시작하면 초기 사업자나 1인 사업자분들은 작은 사업체이지만, 어느 하나 제외하지 못하고 다 해야 하는 현실입니다. 소영 님의 마케팅 책은 이런 사업가분들에게 큰 도움이 될 것 같아 추천드립니다!

— 든든피플 대표 이화정 | 블로그 blog.naver.com/hoajung82

'나'라는 브랜드가 중요해진 시대에 살고 있습니다. 브랜딩에는 전략이 필요합니다. 어렵고 복잡하지 않으면서 임팩트 있는 나만의 전략이 필요한 분들에게 큰 도움이 될 것 같습니다.

— 윤소진 | 블로그 blog.naver.com/awesome_growing

가치 있는 브랜딩을 하는 데 다양한 경험을 가진 전문가의 의견은 무엇보다 큰 도움이 됩니다. 전문 마케터 해피스완 님의 실전 조언으로 롯데타워에 디자인캔들을 제안하고 제작한 값진 경험을 가진 저는 누구보다 더 손꼽아 이 책을 기다리고 있습니다.

— 작업실에이치 | 인스타그램 @studio_h_candle

공방 창업 후 윤소영 작가님의 인스타그램 강의를 들었습니다. SNS 콘텐츠 마케팅의 본질을 꿰뚫는 강의와 진심 어린 피드백은 콘텐츠를 쌓고 성장하는 데 많은 도움이 되었습니다. 창업 후 SNS를 시작하려는 분들에게 나침반 같은 책이 될 거라 기대합니다.

— 공방 여정포레스트 | 인스타그램 @yj.forest

사람마다 각자의 재능과 능력이 있다고 믿어요. 하지만 경단녀가 되고 자신감을 잃게 되고, 나에 대해 의심을 하게 되는 현실 속에서 해피스완 님의 전략과 현실적인 조언들은 다시 힘을 내게 합니다. 이 책을 통해 주부도 내 브랜드를 만들어갈 수 있다는 자신감을 갖게 될 것 같아요.
— 하얀코튼 ┃ 인스타그램 @white1cotton

작가님의 전작인 『사이드잡으로 월급만큼 돈 버는 법』을 읽고 전자책을 쓰게 되었고, 생각의 확장성을 어디까지 갖느냐에 따라 나의 역량도 실력도 향상된다는 것을 깨닫게 되었습니다. 이 책이 사람들의 마음을 얻고 비즈니스로 연결하는 다양한 방법을 담은 책이라고 하시니 또 어떤 인사이트를 제가 얻게 될지 기대됩니다.
— 김건아 ┃ 인스타그램 @elisha_se.ba.jean

VMD(비주얼 머천다이저)로 온라인과는 거리가 먼 일을 하고 있지만, 나를 드러내는 방법을 몰라 아쉽고 속상한 마음으로 끙끙 앓던 시간이 있었다. 우연히 해피스완 소영 쌤을 만나게 되어 나조차 몰랐던 나만의 콘텐츠를 알게 되었다. 누구라도 간절한 마음으로 소영 쌤께 슬쩍 들이대 본다면 한 끗 다른 세상을 만나게 될 것이다. 진심을 꾹꾹 눌러 담아 썼을 이 책이 콘텐츠 마케팅이 꼭 필요한 사람에게 소중한 선물이 되길 기대한다.
— VMD 목경숙 ┃ 블로그 blog.naver.com/powervmd

'내가 잘하는 게 무엇인지' 또는 '나의 이름을 걸고 어떤 일을 할 수 있는지' 궁금한 분들이 읽으면 좋을 책입니다. 내 안에 숨겨진 능력을 찾아서 밖으로 드러내는 일은 무조건 열심히 한다고 해서 되는 건 아닙니다.

정확한 목표를 설정하고 단계별 과정을 하나씩 밟아 나가야 자신의 재능이 빛을 발할 확률이 높아집니다. 이 책에는 그렇게 한 발자국씩 앞으로 나아가서 소기의 성과를 거둔 분들의 소중한 이야기가 곳곳에 숨어 있습니다. 보물찾기하듯 발견해내어 여러분 삶에도 적용해보는 기쁨을 누리시기 바랍니다.

— 동화작가 김리하 | 블로그 blog.naver.com/leeha517

저의 SNS 선생님이신 해피스완 님의 다양한 경험과 협업의 노하우가 담긴 책일 것 같아요. 제가 귀농하고 SNS 운영과 브랜딩에 대해 방향을 잡지 못하고 헤매고 있을 때, 해피스완 님은 재미있고 쉽게 접근 방법을 알려주셨어요. 한 번에 큰 성장이 아니라 각자 자신에 맞는 성장을 도와줍니다. 이제 곧 만날 책이 기대됩니다. 자신감도 생기고, 건강하게 소통하며 내 브랜드를 홍보하고 수익을 끌어내는 내용으로 가득할 것입니다.

— 하영담아 감귤농장 | 인스타그램 @ha.0.dam.a_jeju

윤소영 작가의 전작 『사이드잡으로 월급만큼 돈 버는 법』을 재미있게 읽었다. 윤소영 작가의 글은 읽고 나면 '나도 한번 해볼까' 하는 마음을 갖게 한다. 이번에도 분명히 그러리라 기대한다. 이번 책은 SNS 콘텐츠에 관한 내용을 다루고 있다. 소재 찾기부터 콘셉트 잡기 더 나아가서는 수익화로 연결하는 방법까지 친절하고 세세하게 알려줘 누구든 충분히 따라 해볼 만하지 않을까 예상한다.

— 김자옥 | 인스타그램 @mind.jaok

나답게 사는 법을 찾고 싶은 이 시대 엄마에게 두 번째 스무 살을 찾아

줄 수 있는 책이 될 것 같습니다.

— 김기량 | 인스타그램 @passion_khloe82

세상에 나갈 용기와 구체적인 노하우를 함축했을 것 같습니다. 저처럼 나가고 싶지만, 한 발 딛고 사람들과 세상 속에 나아가기를 주저하는 사람들에게 용기를 많이 줄 것 같은 생각이 듭니다. (백만 번 매년 다짐만 하죠) 실행이 힘든 미루기 대장 혹은 완벽주의자를 위한 책이길 바라봅니다. 사람들과 함께하는 용기를 불어넣어 주는 클럽을 만드셔서 너무 멋져요. 이번 책도 너무 멋지고 응원과 부러움을 함께 남겨봅니다. 스완 님처럼 되고 싶어요. 마음이 넓은 멋진 분으로.

— 효랑 | 인스타그램 @hyorang_life @hyorangdesign

오랜 시간 마케팅 현업에 종사하며 브랜딩과 수익화의 다양한 시각을 제시해준 해피스완 윤소영 작가님. 넓고 깊게, 그리고 인사이트 있는 한마디가 참 도움이 되더라고요. 이 책을 읽는 독자들도 다양한 사례를 통해 자신에게 적용할 것을 찾고 삶이 변화하는 경험을 꼭 누려보시길 바랍니다.

— 인생약사 염혜진 | 인스타그램 @timepharm

콘텐츠 마케팅 전문가 윤소영 작가님의 강의와 콘텐츠 덕분에 개인 브랜드를 성장시키고 월급 외 수익도 얻을 수 있었습니다. 퇴직이 두려운 직장인분들께 특히 이 책을 특히 추천드립니다. 회사를 떠나서도 자립할 수 있는 용기와 구체적인 실행 방법을 배우실 수 있으실 거예요.

— 락홀릭 | 블로그 blog.naver.com/yyler1

2023년 말 우연히 해피스완 님의 강의를 듣고 나만의 콘텐츠를 갖고 브랜드화할 수 있겠다고 생각하게 되었어요. 그리고 틈틈히 해피스완 님의 조언과 지지를 받아 트래블후니로 실현해 나가고 있습니다. 아마도 이 책은 저와 같은 SNS 초보자부터 고수이지만 자기만의 콘텐츠가 없거나 수익화에 고민 중이신 분들께 나침반이 되어줄 것이라 기대합니다. 출간을 다시 한번 축하드립니다.

— 트래블후니 | 블로그 blog.naver.com/shtop1

요즘은 광고가 통하지 않는 시대라고 말하죠. 그래서 콘텐츠 마케팅이 더욱 주목받고 있다고 생각합니다. 콘텐츠를 통해 고객의 마음을 훔치고 고객과의 관계를 쫀득하게 만들어가고 싶은 마케터 및 1인 사업자 분들에게 추천합니다. 저자가 직접 경험한 사례와 실질적인 인사이트로 가득한 이 책을 통해, 당신과 당신의 브랜드는 지금까지 경험하지 못한 성장을 경험할 것입니다.

— 읽고 쓰고 낭독하는 프로젝트 디렉터 낭만앨리 | 인스타그램 @ally_booknmore

생산자로서의 새로운 삶을 꿈꾸면서 간절한 마음에 여기저기 기웃댑니다. 어떻게 해야 하나 막막할 때 조금이라도 시간과 비용을 줄일 수 있는 방법은 믿을 만한 강의를 듣고 책을 찾아 읽는 것입니다. 모르는 게 너무 많지만, 물어보는 것은 잘했던 헬렌 켈러 같던 저에게 설리번 선생님이 되어주셨던 해피스완 님의 책이 많은 분에게 헛발질을 줄여줄 것으로 기대합니다.

— 꼬알여사 수브레인 유지윤 | 블로그 blog.naver.com/jyrhyoo

『사이드잡으로 월급만큼 돈 버는 법』에 이은 두 번째 책, 실행을 망설이고 두려워하는 이들에게 한 줄기 빛이 될 거라 믿고 있어요. 퇴직에 이르기까지 작가님 책의 현실적인 이야기가 많은 도움이 되었네요. 다음 단계로 한 발 나아가기 위한 준비를 하면서 작가님의 신간을 하루빨리 볼 수 있기를 기다리고 있답니다.

— bium79 | 인스타그램 @bium_79

인재 발굴단이라는 또 다른 별칭을 가지고 계신 해피스완 님. 자신만의 브랜드를 만들고 싶어 하고 자기 이야기를 녹여내고 싶은 분들께 길잡이가 되는 책이 아닐까 기대합니다. 늘 항상 방향을 넌지시 던져주시는 고마운 분. 한마디에 많은 생각과 고민을 시작하게 만드는 분입니다. 얼마나 벅찬 이야기들이 담겨있을지 두근두근합니다.

— 수유코치 티아라 | 인스타그램 @miya__da

윤소영 작가님과의 첫 만남은 작가님의 온라인 마케팅 강의였습니다. 현장에 강한 마케터의 메시지에서 정공법의 기운이 느껴져서 단번에 신뢰가 갔어요. 요행 없이 탄탄하게 길게 남는 브랜딩을 해가고 싶은 분들에게 도움이 될 책이 될 것이라 확신합니다.

— 솔트다움 박연희 | 인스타그램 @saltdaum_mamarules

스완컴퍼니 & 해피인친 대표님 해피스완 윤소영 작가님 책 출간 진심으로 축하드립니다. 저는 해피스완 대표님 덕분에 해피인친이라는 커뮤니티를 알게 되었고 SNS를 시작할 수 있었어요. 인스타그램과 블로그를 통해서 저의 생각들을 기록하고 소통하며 저 자신이 좋아하는 게 무엇인지 조금씩 알아가고 있어요. 사소한 것 하나도 따뜻하게 바라봐 주시고 할 수 있게 용기 주시는 해피스완 윤소영 작가님 덕분입니다. 정말 마음 깊이 감사드립니다. 저의 인생의 새로운 전환점을 선물해주셨답니다. 더 많은 감사의 마음을 어떻게 다 표현할 수는 없지만 늘 해피스완 윤소영 작가님을 진심 가득 응원하고 늘 가까이 곁에서 함께 성장하고 싶습니다. 저의 온라인 스승님 존경하고 사랑합니다.

— 별빛꿈맘 | 블로그 blog.naver.com/lsy9830

윤소영 작가님의 콘텐츠 마케팅 분야의 경험과 노하우는 빛나는 별자리처럼 독자 여러분의 브랜드 마케팅 여정을 밝혀줄 것으로 생각합니다. 이 책과 함께, 고객을 사로잡는 매력적인 콘텐츠 제작 방법을 배우고, 효과적인 브랜드 마케팅 전략을 수립하여 사업 성장을 이끌 수 있을 것을 기대합니다. 어떤 분야든 시작을 앞두고 있으시다면, 이 책을 펼쳐서 빛나는 콘텐츠 마케팅 여정을 시작해보세요!

— 연Do studio | 블로그 blog.naver.com/grisaris

나의 첫 SNS 선생님. 평범한 아줌마도 윤소영 님이 있어 요리하고 사진 찍던 일상도 재능이 되고 수익이 되는 특별한 경험 중이다. 될까? 내가? 고민이라면 인간미마저 넘치는 실력 있는 마케터 윤소영 님의 책부터 만나길 간절히 바란다.

— 슈스 | 인스타그램 @_s_0_9_3_0_

2019년 인연이 시작되었습니다. 해피스완 님을 통해 사부작사부작 SNS 세계에 들어왔어요. 인연과 소통을 소중히 여기는 그녀의 책을 기다리고 있습니다.

— 꿈별샘 | 인스타그램 @dreamstar_writer

처음 블로그를 시작할 때 해피스완 윤소영 작가님을 만났어요. 그때 저의 닉네임부터 블로그 콘셉트까지 하나하나 꼼꼼하게 피드백해주신 내용을 아직도 보물처럼 보관하고 있답니다. 처음에는 평범한 일상을 기록했는데 조금씩 검색이나 노출, 그리고 나의 브랜드에 대한 욕심도 생기더라고요. 그래서 또 한 번 윤소영 작가님의 블로그 수업을 듣고 '나'라는 브랜드의 방향성을 잡아나갔습니다. 변화가 필요한 지점에서 필요한 부분을 콕 집어 알려주시는 작가님. 이 시기에, 이번 책에서는 어떤 부분을 콕 집어 알려주실지 기대가 됩니다.

— 빛나는나현쌤 | 블로그 blog.naver.com/mandoo0960

쉽고 빠르게 외적 성장을 이루며 내면 성장도 함께 도와주는 글을 써주셔서 감사합니다. 단점은 보완하고 강점은 살리는 윤소영 작가님의 마케팅 코칭. 전문가의 세심한 이론과 더불어 실제 브랜딩에 적용 가능한 내용이 담긴 책입니다.

— 생각나래 김현경 | 블로그 blog.naver.com/pinghkbook

명확한 방향성을 갖고 자신만의 이야기를 만들어 세상과 공유하고 싶을 때 꼭 알아야 할 내용이 일목요연하게 정리되어 있다. SNS 세상에서 콘텐츠를 발행하다가 길을 잃었을 때, 퍼스널 브랜딩이라는 커다란 목표가 흐릿해질 때 한 번쯤 읽어보면 도움이 될 책!

— 라이팅포라이프 | 인스타그램 @writingfor_life

'브랜딩'이란 말이 강의팔이 과대광고의 키워드로 전락한 듯한 요즘이지만, 해피스완 님의 브랜딩 스토리라면 두 귀 활짝 열고 마중 나갑니다. 본인만의 속도로 묵묵히 걸어가 직접 경험하며 쌓아 올린 해피스완 님의 크고 작은 성공 스토리가 기대됩니다.

— 강점코치 모니카 | 블로그 blog.naver.com/nicaya

인스타를 왜, 어떻게 해야 하는지 하나도 모를 때 해피스완 님을 알게 된 건 행운이었어요. 다양한 분들과 소통을 하면서 인스타에 재미를 느꼈고 지금은 브랜드까지 내게 되었어요. SNS를 통한 콘텐츠 제작이나 사업, 온라인 수익 창출 등에 관심이 있으신 분들에게 길잡이가 될 수 있는 책이라 적극 추천합니다.

— 별난별쌤 주계현(승리하는 아이들 대표) | 인스타그램 @2starssam

나만의 콘텐츠나 브랜드가 없는 주부로서 어떻게 하면 나만의 브랜드를 찾을 수 있는지 알게 해주는 책이 될 것 같아요. 무에서 유를 만들 수 있게 해주신 윤소영 작가님께 감사합니다.

— 행복한 꼬니맘 | 인스타그램 @shamaleb

인스타그램 초창기 시절 코로나가 심했던 때 해피인친을 만나 해피스완 님 덕분에 어렵던 인스타그램을 하나하나 하다 보니 인제는 제법 인스타그램에 적응해서 감사하게도 공구 진행 및 제품 판매까지 연결하게 되었어요. 다양한 마케팅에 대해 아이디어와 깨알 팁을 알려주는 따뜻하고 세심한 해피스완 님 덕분에 진행하는 사업이 성장하고 있다는 생각이 들어요. 마케팅과 퍼스널 브랜딩을 하는 방법에 관해 반짝반짝한 아이디어를 갖고 있는 해피스완 님이라는 걸 알기에 이번 책이 더욱 기대돼요. 아낌없는 조언과 용기를 주는 그녀, 그녀의 한 걸음 도약하는 성장을 응원합니다.

— 스카이윈드 | 인스타그램 @skywind.bangkok

SNS 왕초보여도 폭넓은 경험과 지식을 가진 해피스완을 만나면 걸음 마를 할 수 있다는 생각입니다. 브랜드 마케팅과 제가 미처 끌어내지 못한 콘텐츠를 찾을 수 있을 것 같아서 두근두근 이번 책이 기다려지네요.

— 안토니아팜 | 인스타그램 @antonia.farm

월급쟁이도 자영업자도 누구나 따라 할 수 있는 나만의 브랜드 만들기! 꿈꾸던 온라인 수익화를 현실로 만드는 해피스완의 통찰력이 모두 담긴 책! 퍼스널 브랜딩의 성장을 돕는 해피스완이 알려주는 가장 쉬운 온라인 마케팅!

— 파리바게뜨 현점주 | 인스타그램 @pb.candy.kr

SNS 브랜딩을 앞두고 세상이 원하는 이야기와 진짜 나의 이야기 중 무엇을 말해야 하나 고민할 때 명쾌한 답을 주었던 해피스완(윤소영) 작가님. 나를 인정하는 콘텐츠를 고민해주는 분이기에 늘 신뢰합니다. 나를 담는 콘텐츠를 고민 중이라면 이 책이 도움이 될 거로 생각합니다.

— 정소령 작가 | 인스타그램 @justas_sonya

브랜딩하고자 하는 사람들에게 반짝이는 등대 빛과 같이 가야 할 방향의 이정표가 되어줄 거 같아 기대돼요. 브랜딩 주제를 쉽게 알려줄 사람을 찾는 독자들이 기다리는 책이라 믿어요. 주저하는 발걸음을 한 발 내딛게 해주어 함께 성장할 수 있기를 기대합니다.

— 듬직한진블리 | 블로그 blog.naver.com/js3pl

내 브랜드를 만들고 싶은 분에게 도움이 되는 책. 브랜드를 만들어 수익화를 내고 싶은 사람이 읽으면 좋은 책. 만들어 놓고 활용하지 못하던 인스타를 나를 홍보하는 계정으로 만드는 데 도움을 주었다.

— 장세정 | 인스타그램 @sejung.momo

경단녀, 코로나, 육아의 회오리 속에서 해피스완 님과 SNS를 시작했고, 재취업을 시작으로 지금까지 저만의 도전과 실험을 반복하고 있어요. 꾸준한 기록은 여전한 숙제이지만 나의 길을 만들어가고 있습니다.

— 센스쟁이 | 블로그 blog.naver.com/helena1014

윤소영 작가님의 첫 책 『사이드잡으로 월급만큼 돈 버는 법』으로 블로그를 시작하게 되었습니다. 일상에 활력과 재미가 더해졌고, 내가 좋아하는 일과 할 수 있는 일도 찾게 되었습니다. 블로그를 기반으로 작지만 소중한 성취들이 쌓여가고 있습니다. 이번 책은 또 어떤 인사이트를 줄지, 저를 얼마나 더 성장하게 할지 기대됩니다. 해피스완 님 항상 감사합니다.

— 핑크코알라 김영화 | 블로그 blog.naver.com/cherrystar11

인스타, 블로그 매일 해야 한다던데 퀄리티는 떨어지고, 아이디어도 없었어요. 입문한 지 5년 차인데 콘텐츠도 없고 성과도 없었어요. 해피스완 님 만나고 손쉽게 SNS 할 수 있게 됐어요. 지금은 1일 1 영상 만들기 100일 차예요. 해피스완 님 못 만났으면 아직 시작도 못했을 거예요. 이 책에도 당장 이용할 수 있는 꿀팁, 어플 소개가 가득해요. 제가 1일 1 영상을 만들 수 있는 비결입니다. 또 어떤 쉽고 좋은 것들이 있을까, 당장 읽고 떡상할 거예요!

— 슬로우 필라테스 | 유튜브 youtube.com/@slow.pilates

해피스완 님의 콘텐츠 마케팅 책 출간 기대됩니다. 지아팜의 브랜드를 만들어주셨기에 더욱더 기대되고 설렙니다. 지아팜의 성장이 곧 해피스완 님의 능력이기에 함께라는 글자로 행복합니다. 기다릴게요.
— 지아팜 | 인스타그램 @zia_farm_

스완의 커뮤니티에서 배운 인스타그램 A부터 Z까지의 기술과 지식으로 나만의 스몰 브랜딩을 시작할 수 있었다. 내 안의 콘텐츠를 밖으로 꺼내는 적합한 방식들을 끊임없이 제시해줬다. SNS로 내 꿈을 펼쳐보길 원하는 분들이 꼼꼼히 읽어야 할 책이 될 거라 기대한다.
— 이너조이 | 인스타그램 @_innerjoy_

엄마가 되고, 경력단절녀가 되면서 나는 이대로 엄마로서의 삶만 남은 것인가? 우울과 의문만 가득했다. 난 콘텐츠도 없는 사람인데… '나'의 삶도 중요한 사람이었는데… 그 시기 해피스완 작가님을 만났다. 나만의 페르소나를 찾아 SNS를 시작하고, 지금도 천천히 하나하나 쌓아가는 중이다. 해피스완 작가님을 만나 성장하고 있는 지금 이 순간 참 행복하다.
— 엘르무드 | 인스타그램 @e_l_l_e_mood

퍼스널 브랜딩을 확장하는 개념을 차근차근 알려주니 단계별로 적용할 수 있을 것 같아요! 기대 기대됩니다!
— 완전쏘중 | 인스타그램 @wan._.sso

콘텐츠 마케터이자 작가인 윤소영 님의 강점과 특징을 가장 잘 담아낸 책이 드디어 독자들을 만나게 되었네요. 퍼스널 브랜딩을 이야기하는

하루 한 시간, 나는 나를 브랜딩한다

사람들은 많지만, 나만의 개성을 어떻게 가치화하여 연결해나갈 것인가에 대한 구체적인 노하우와 경험을 이렇게 세세하게 나누는 책이 있을까 싶어요. 이제 막 퍼스널 브랜딩에 관심을 가진 분들도, 저처럼 SNS 채널을 확장해가는 콘텐츠크리에이터에게도 꿀팁 가득한 시간이 되리라 확신합니다.

— 헬로쿠쌤 | 인스타그램 @hello_koossam

또 다른 시작을 해보는 이들에게 용기와 자신감을 불어넣는 책이 될 것입니다. 퍼스널 브랜딩을 만들어가고자 하는 이들에게 안내서와 같은 책이 되어줄 것입니다. 책을 보면서 쉽게 따라 할 수 있는, 실전에서도 사용할 수 있는 책이라 기대됩니다.

— 톡톡홍쌤 | 인스타그램 @talktalke_hong

해피스완 님의 글을 특별히 감탄하며 좋아하는 이유는 현실적인 통찰을 드러내면서도 삶에 대한 긍정과 행복이 묻어나기 때문이다. 편하게 건네듯 전하는 글들도 늘 자신의 견해를 풀어나간다. 그래서 읽다 보면 구태여 옹호하지 않더라도 스스로 설득될 수밖에 없다. 해피스완 님의 두 번째 책은 그래서 읽고 싶어지는 글이다.

— 윈타 | 블로그 blog.naver.com/minethebonanza

온라인 세계에 들어와 SNS로 성장하고 그 배움의 시작을 해피스완 님과 시작한 1인으로서 그간의 경험과 추억을 곱씹는 마음으로 보려고 합니다. 경험 기반의 실용서일 듯하니 온라인에서의 시작에 어려움을 느끼는 분들이 보면 좋을 것 같네요.

— 깐깐꼼꼼크리스티 | 블로그 naver.blog.com/fallfor

나만의 스토리가 없다고 고민하는 지극히 평범한 사람들의 하얀 도화지 위에 미니 다큐쯤은 이끌어나갈 수 있는 여러 가지 도구와 무기를 손에 쥐여주는 해피스완 님의 매직브러쉬를 꼭 경험해보세요.

— 꿈달코치 이은숙 | 블로그 blog.naver.com/stormgirl79

온라인 커뮤니티 생활 3년 차! 여전히 헤매고 콘셉트를 못 잡는 저에게 딱 필요한 내용입니다. 심지어 요즘 새로운 시작을 하는 3월에 고여있는 느낌으로 번아웃 내지는 슬럼프를 느끼고 있는데, 이를 극복하는 법까지! 기대 기대 중입니다. 해피스완 님!

— 열정엘라 | 인스타그램 @blessu333

요즘에는 평생직장이라는 개념이 사라지고 각자의 꿈을 실현하는 개인사업자들이 많아지는데 혼자서 콘텐츠를 만들어가기엔 어려움이 많은 것 같습니다. 막연하고 어려운 부분을 도와주는 브랜딩 책이 있다면 큰 힘이 될 것 같고, 구체적인 대안들을 제시하고 있어서 많은 도움이 될 것 같아요.

— 옥쌤상상역사 | 블로그 blog.naver.com/windy258

마케팅과 수익화에 있어서는 남다른 '촉'을 가지고 계신 스완 님의 책이라 더욱 기대됩니다. 스완 님께서 실제 경험하시고, 현재도 수익화 모델을 운영하고 계시는 모습을 보면 더욱 신뢰가 가죠. 이론적인 내용이 아닌 바로 실전에 사용할 수 있는 유용한 팁이 가득할 것 같으니 브랜딩을 시작하시는 분, SNS 수익화 모델을 찾고 계시는 분들께는 '딱'인 책이 될 것 같습니다.

— THE이음에듀코칭센터 진상희 강사 | 블로그 blog.naver.com/hee1222_2

인스타그램 계정을 만들고 단 하나의 피드만 올리고 내버려둔 채로 1년을 맞이했을 때, 해피스완 님과 해피인친을 만나는 행운을 얻었습니다. 해피인친 16기에 이르기까지, 3년간 저는 작가님의 소중한 가르침과 지원을 받으며 많은 성장을 이룰 수 있었습니다. 작가님의 신작은 자신만의 브랜드를 찾고자 하는 이들에게 빛과 같은 존재가 될 것이며, 수익화의 꿈을 꾸는 모두에게도 강력히 추천합니다.

― 아보세 우정쌤│인스타그램 @abosebook

초개개인의 시대에 살고 있는 요즘, SNS를 통해 브랜딩하고 성장하고 싶은 당신이라면 해피스완 님을 만나보길 권한다. 그녀의 따뜻하지만 날카로운 분석을 들을 수 있는 기회에 깊이 감사함을 느끼게 될 것이다. 누군가가 발견해주길 바랐던 나를. 이제 당신이 만날 차례이다.

― 부엌미술관 쇼팽│블로그 blog.naver.com/somimail

마케팅에 관한 고민이 생길 때면, 윤소영 작가님께 연락을 합니다. 항상 신나는 이슈가 생길 때마다 먼저 찾게 되는 건 내가 필요한 부분을 항상 본인 일처럼 같이 고민해주시기 때문이 아닐까 싶습니다. 이 책도 윤소영 님과 꼭 닮아 고민이 있을 때마다 열게 되는 책으로 기억되기를 바랍니다.

― 든든피플 이화정│인스타그램 @dendenpeopleceo_hwajung

평범하기 짝이 없는 지방 소도시에 살고 있는 저는 평범한 직장인이자 평범한 엄마였어요. 그런 제가 온라인을 알게 되고 블로그와 인스타라는 걸 시작하게 해준 사람이 바로 작가님이에요. "거지 같아도 일단 시작해라." 여러분 처음부터 완벽한 사람은 없어요. 아직도 망설이고 있는 당신에게 추천합니다. 이 책을 읽고 바로 지금 바로 시작하세요. 당신의 발걸음이 한결 가벼워질 거예요.

— 왼손잡이앤 | 블로그 blog.naver.com/gkfaktl00

개인이 팔 수 있고, 팔아야 하는 자기만의 브랜드에 관해 잘 소개한 책이다. 브랜드를 찾아가는 방법부터 그 브랜드를 홍보하는 방법까지 a에서 z까지 간결하면서 필수적인 내용을 담았다. 신간답게 생성형 AI라는 부분이 있어 현직에서 일하는 마케터에게도 시대에 맞춰갈 수 있는 팁을 선사한다.

— 헬로영아 | 블로그 blog.naver.com/painterjya

수많은 아이디어를 체계화만 시켰을 뿐인데, 사람들이 봐주고 수익화가 되는 신기한 마법! 거기에 해피스완 님의 마음을 담은 응원은 덤! 제 인스타 스승님! 중구난방 갈피를 못 잡고 있을 때, 방향성 설정과 세심한 지도로 결국 터졌습니다! 어떤 포인트가 사람들을 끌어당기는지를 알게 되니 제 브랜드 런칭도 얼마 안 남은 것 같아요.

— 달스 | 블로그 blog.naver.com/kiti817

퍼스널 브랜딩에서 브랜딩 컨설팅까지 확장하고 있는 그녀의 두 번째 책! 나만의 커리어를 밑바탕으로 단단한 브랜딩을 해온 해피스완 님의 경험을 바탕으로 쓰인 이 책은 자신의 브랜드를 가지고 싶은 이들에게 더할 나위 없이 다양한 경험 기회를 제공하며, 더 나은 커리어와 비즈니스 기회를 열어줄 수 있으리라 생각합니다. 또한 브랜딩 컨설팅까지 확장하고 있는 그녀의 전문적인 노하우와 전략으로, 브랜드의 가치를 명확히 인지하고 이를 효과적으로 전달함으로써 성공을 이끌어내는 데에 도움을 주는 브랜딩 디자이너로서의 역할까지 기대됩니다.

— 화이트로즈 | 블로그 blog.naver.com/bnf12

누군가가 새로운 길을 걷겠다고 하면 불안한 마음을 품은 채 애써 괜찮겠냐고 물을 것이다. 해피스완 님이 새로운 길을 걷겠다고 하면 궁금한 마음을 품은 채 슬금 바라보면서 배울 것이다. 무엇이 그녀를 달리게 만드는 것일까? 신기한 건 그녀가 달리는데 주변 사람이 함께 성장한다.

— 아트코치 김빛난 | 인스타그램 @artcoach_lia

하루 한 시간

나는
나를
브랜딩한다

작은 차이로 특별해지는 SNS 콘텐츠 마케팅 노하우

ⓒ 윤소영

초판 1쇄 발행 2024년 4월 20일
초판 2쇄 발행 2024년 5월 10일

지은이 윤소영
책임편집 이현호
디자인 와이겔리

펴낸곳 도마뱀출판사
펴낸이 조동욱
등록 제2007-000083호
주소 03057 서울시 종로구 계동2길 17-13(계동)
전화 (02) 744-8846
팩스 (02) 744-8847
이메일 aurmi@hanmail.net
블로그 http://blog.naver.com/ybooks
인스타그램 @domabaembooks

ISBN 979-11-93617-02-1 03320